Javier Alberto Bernal Ruiz
Antonio Wanceulen Moreno
José Fco. Wanceulen Moreno

400 JUEGOS Y EJERCICIOS DE EDUCACIÓN FÍSICA DE BASE:
PARA NIÑOS DE 8 A 10 AÑOS

©Copyright: Los autores
©Copyright: De la presente Edición, Año 2017 WANCEULEN EDITORIAL

Título: 400 JUEGOS Y EJERCICIOS DE EDUCACIÓN FÍSICA DE BASE: PARA NIÑOS DE 8 A 10 AÑOS
Autores: JAVIER ALBERTO BERNAL RUIZ, ANTONIO WANCEULEN MORENO Y JOSÉ FRANCISCO WANCEULEN MORENO

Editorial: WANCEULEN EDITORIAL
Sello Editorial: WANCEULEN EDITORIAL DEPORTIVA

ISBN (Papel): 978-84-9993-773-1
ISBN (Ebook): 978-84-9993-774.8

Impreso en España. 2017.

WANCEULEN S.L.
C/ Cristo del Desamparo y Abandono, 56 - 41006 Sevilla
Dirección web: www.wanceuleneditorial.com y www.wanceulen.com
Email: info@wanceuleneditorial.com

Reservados todos los derechos. Queda prohibido reproducir, almacenar en sistemas de recuperación de la información y transmitir parte alguna de esta publicación, cualquiera que sea el medio empleado (electrónico, mecánico, fotocopia, impresión, grabación, etc), sin el permiso de los titulares de los derechos de propiedad intelectual. Cualquier forma de reproducción, distribución, comunicación pública o transformación de esta obra solo puede ser realizada con la autorización de sus titulares, salvo excepción prevista por la ley. Diríjase a CEDRO (Centro Español de Derechos Reprográficos, www.cedro.org) si necesita fotocopiar o escanear algún fragmento de esta obra.

ÍNDICE

100 Ejercicios Y Juegos de Coordinación Dinámica General para niños de 8 a 10 años 7

100 Ejercicios Y Juegos de Coordinación Óculo Motriz para niños de 8 a 10 años 65

100 Ejercicios Y Juegos de Imagen y Percepción Corporal para niños de 8 a 10 años 123

100 Ejercicios Y Juegos de Percepción Espacial y Temporal para niños de 8 a 10 años 181

100 Ejercicios y Juegos de Coordinación Dinámica General para niños de 8 a 10 años

Introducción

Uno de los objetivos que debemos tener presentes todos los docentes especialistas en Educación Física es el de *Educar a través del Movimiento*. Esto implica básicamente que nuestros alumnos sean capaces de afrontar los diversos problemas que les plantea el entorno de la forma más eficaz posible, utilizando para ello los recursos de que dispone su propio cuerpo. Dichas herramientas son variadas (cualidades perceptivo-motrices, cualidades físicas, esquema corporal, Sistema Nervioso Central...), pero si concebimos al ser humano de una manera integral es lógico pensar entonces que deban utilizarse todas a la vez, o al menos en la misma dirección, para obtener el mejor de los desarrollos posibles.

En las siguientes páginas vamos a ofrecerles el entramado teórico que envuelve a uno de los principales recursos corporales, la Coordinación, así como un amplio repertorio de actividades para trabajar de forma específica la Coordinación Dinámica General con sus alumnos de 8 a 10 años de edad.

Concepto

Cuando vemos que un alumno se desplaza sorteando obstáculos sin derribarlos, cuando recibe un balón de baloncesto, lo bota y lo vuelve a pasar a un compañero, cuando esquiva la pelota que le han lanzado jugando a balontiro, o cuando, por ejemplo, trepa por una espaldera y desciende sin tocar los peldaños prohibidos, decimos que es un alumno coordinado. Del mismo modo, cuando vemos que lanza un balón a canasta y no toca ni el tablero, o cuando trata de completar un recorrido en zigzag y se salta algún cono, decimos que es descoordinado, pero... ¿qué es exactamente la Coordinación?

La Coordinación es una capacidad perceptivo motriz (junto al equilibrio) con la que adaptamos nuestro movimiento a las necesidades del entorno que nos rodea, poniendo en funcionamiento la musculatura necesaria en el momento adecuado, con una velocidad e intensidad acordes a dichos requerimientos.

Para considerar que un movimiento es coordinado podríamos prestar atención a las siguientes premisas:

- Existe una contracción de los músculos que resultan útiles para la realización del movimiento que nos llevará a cumplir el objetivo, así como una relajación de los músculos que no están implicados en el movimiento para facilitarlo o no interferir en él.

- Se han tenido en cuenta las distancias y colocación respecto a otros jugadores, objetos…, es decir, si se ha tenido conciencia del espacio en el que estamos (percepción espacial).
- Del mismo modo, se deben tener en cuenta las velocidades a las que se desplazan los objetos y jugadores del entorno, así como la nuestra (percepción temporal).
- Las dos anteriores son prácticamente inseparables, dando lugar a las trayectorias. Se debe haber tenido en cuenta, por tanto, la relación espacio-tiempo (percepción espacio-temporal) de cada uno de los elementos de la tarea.

Determinantes de la Coordinación

Son bastantes los factores que intervienen en el desarrollo de la Coordinación. Algunos de los más influyentes son:

- El **Esquema Corporal**: en cuanto a la capacidad de conocer y ser capaces de representar nuestro propio cuerpo, ya sea en reposo o en movimiento. Corre con la responsabilidad de hacer comprender cuál es la posición del cuerpo en cualquier instante, así como de conocer cuáles son los límites o posibilidades del mismo.
- El **Sistema Nervioso Central**: encargado de recibir los estímulos internos y externos al cuerpo, elaborar una respuesta, y transmitir la información para llevarla a cabo.
- Las **Cualidades Físicas Básicas**: cuantifican las posibilidades de nuestro movimiento considerando la Fuerza, Resistencia, Flexibilidad y Velocidad de cada organismo.
- El **Equilibrio**: como mecanismo de control de nuestro cuerpo y del movimiento que realizamos.
- **Herencia**: todos los componentes vienen determinados por la genética de cada individuo.
- **Edad/Aprendizaje**: las capacidades coordinativas comienzan a desarrollarse hacia los 4 años, produciéndose un afianzamiento de las mismas cuando se alcanzan los 12 años. Durante este tiempo es conveniente exponer al organismo al mayor número de experiencias de

aprendizaje posible para que desarrollemos la coordinación en todo su potencial.
- **Fatiga Muscular**: puesto que altera el ritmo de contracción-relajación de la musculatura.
- **Tensión Nerviosa**: tanto una tensión como una relajación excesivas provocan movimientos descoordinados.

Tipos de Coordinación

Le Boulch (1980), Porta (1988) y Seirullo (1993), entre otros autores, hacen referencia a la **Coordinación Dinámica General** como a aquella que tiene lugar cuando se ponen en funcionamiento gran parte o la totalidad de segmentos corporales (o musculatura). Esto implica, por regla general, situaciones de desplazamiento.

Dalila Molina (1977), expone el concepto de **Coordinación Visomotriz** para referirse a los movimientos manuales o corporales que surgen como respuesta a un estímulo visual, teniendo como finalidad la adaptación del movimiento a dicho estímulo. Este mismo concepto es denominado por otros autores como **Coordinación Óculo-Motriz** o **Coordinación Dinámica Segmentaria** (Seirulo, 1993 y Le Boulch, 1980), desglosándolo en Coordinación Óculo-Manual (cuando la relación aparece entre el sentido de la vista y las extremidades superiores), y Coordinación Óculo-Pédica (cuando la relación ocurre entre la vista y las extremidades inferiores). En la bibliografía específica sobre este tema podemos encontrar otro término que hace referencia a la coordinación existente entre el sentido de la vista y la ejecución de una tarea con la cabeza, denominándosele entonces coordinación Óculo-Cefálica.

Consideraciones para el trabajo de la Coordinación

La Coordinación es una capacidad que puede desarrollarse hasta la edad adulta, aunque nos interesa conocer que es desde aproximadamente los 4 años hasta los 12 el período clave para sentar las bases de su trabajo. En este intervalo de tiempo debemos exponer a nuestros alumnos al mayor número de experiencias posibles (y también lo más variadas), controlando en todo momento los tiempos de trabajo y descanso para evitar sobrecargas.

Algunas de las actividades tipo que podemos desarrollar aparecen en la siguiente tabla:

DESPLAZAMIENTOS	SALTOS	GIROS	LANZAMIENTOS	RECEPCIONES
Marchas Carreras Cuadrupedia Reptaciones ...	Con carrera Sin carrera Con 1 pie Con 2 pies ...	Sobre cada eje (longitudinal, anteroposterior, transversal) Según el apoyo (suspensión, suelo...) ...	Acompañamientos Golpeos Una mano Dos manos Pie ...	Paradas Controles Desvíos Una mano Dos manos ...

De vital importancia resulta presentar las propuestas que exponemos en las siguientes páginas de la manera más sencilla posible, intentando que nuestros alumnos encuentren las soluciones de ejecución mediante un procedimiento de ensayo-error. De esta forma conseguiremos aprendizajes realmente efectivos, además de posibilitar el desarrollo de la autoestima del alumno por ser el propio responsable de su éxito.

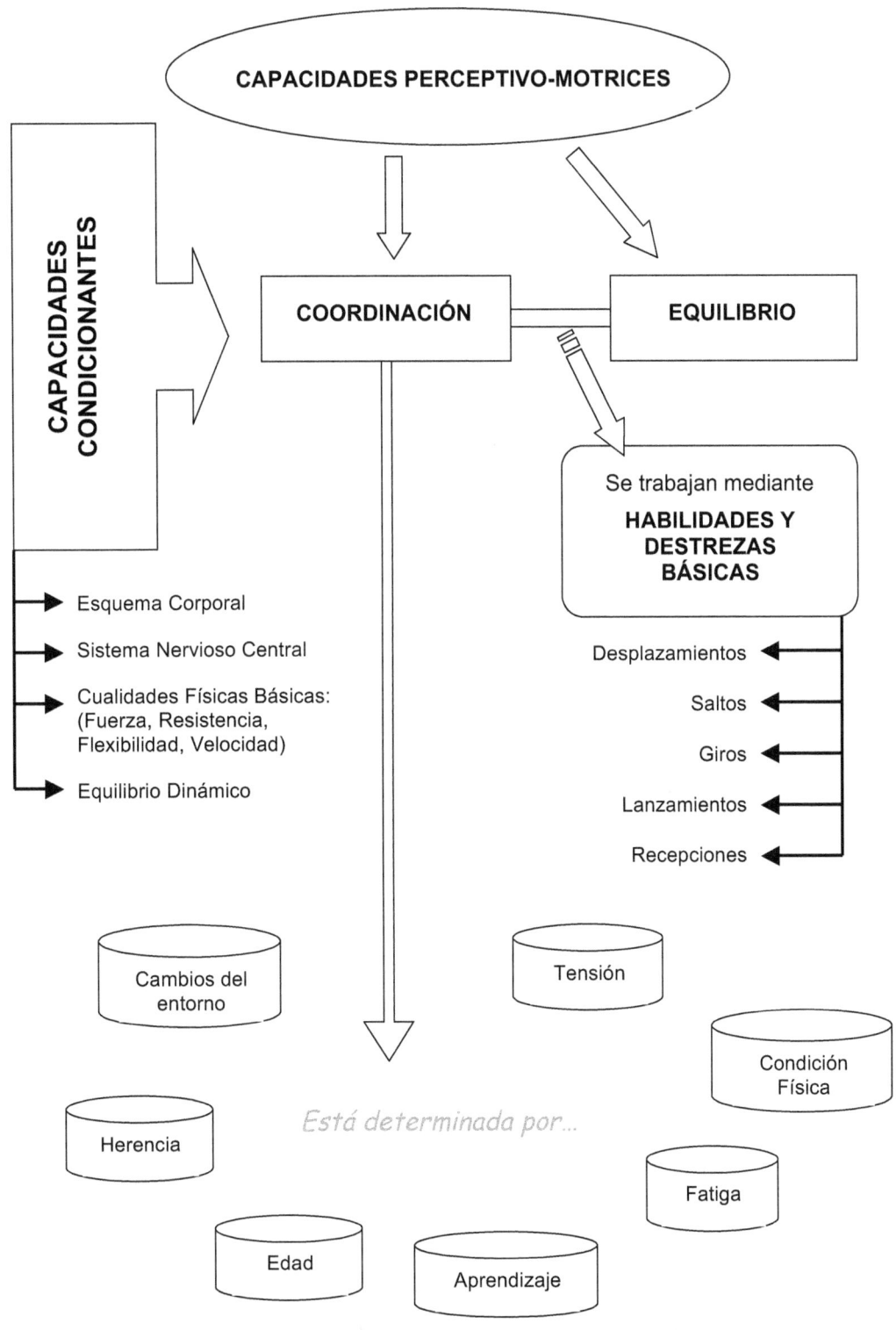

| ACTIVIDAD Nº 1 | Desplazarse por todo el terreno de diferentes formas: hacia delante, hacia atrás, dando grandes zancadas, con pasitos, de lado, etc. |

| ACTIVIDAD Nº 2 | Desplazarse por el terreno de juego de modo que se escriba en el suelo con nuestra trayectoria una palabra, una letra, un número.... |

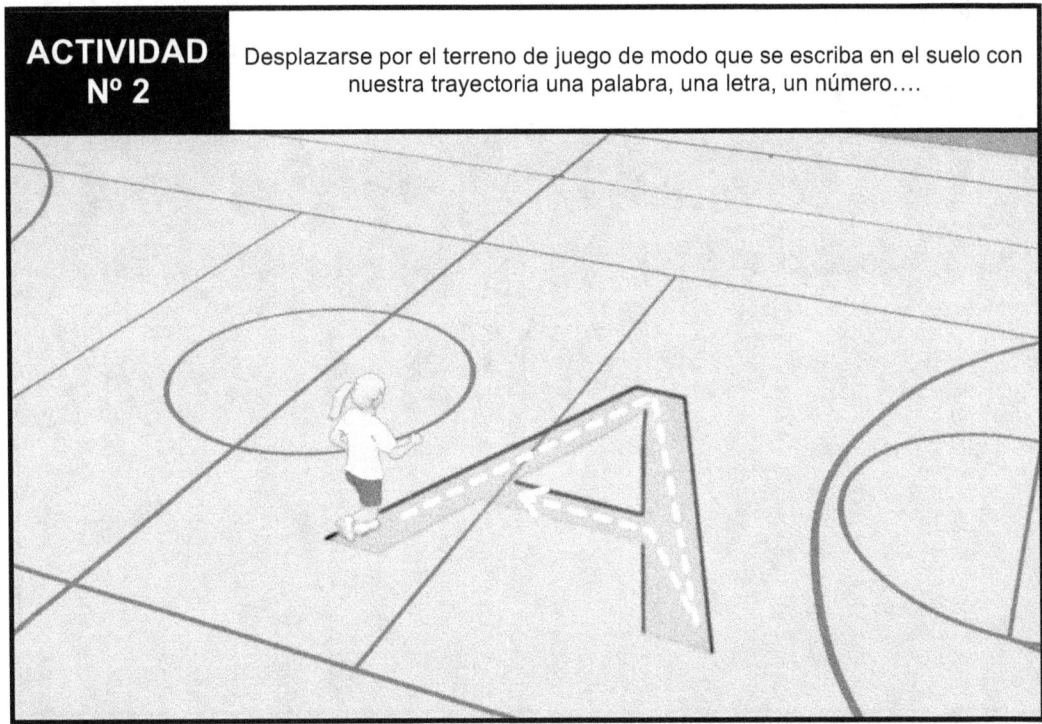

ACTIVIDAD Nº 3 — Correr de lado, cruzando las piernas por delante y por detrás de forma alternativa.

ACTIVIDAD Nº 4 — Desplazarse por el espacio en cuclillas, aplaudiendo entre las piernas con cada paso que demos.

ACTIVIDAD Nº 5

Caminar sobre diferentes partes del pie (de puntera, interior, exterior, sobre los talones) describiendo un gran círculo.

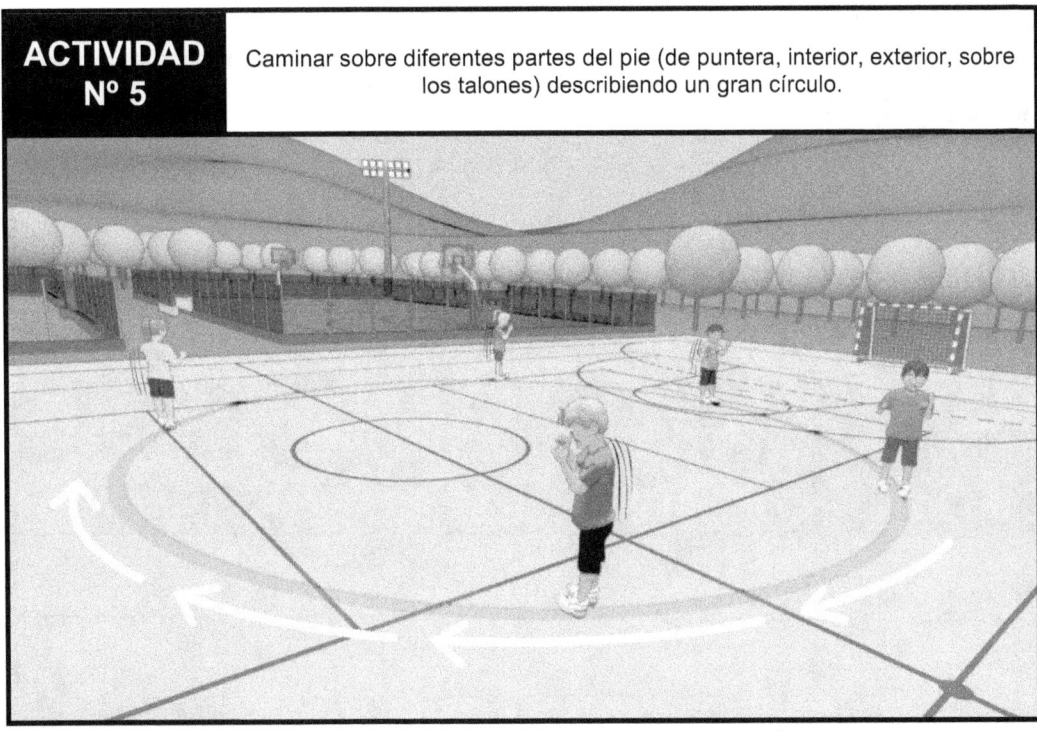

ACTIVIDAD Nº 6

Desplazarse por el terreno intercalando zancadas y pasos pequeños.

ACTIVIDAD Nº 7

Correr por el espacio de trabajo haciendo skipping, levantando las rodillas hasta la altura de las caderas.

ACTIVIDAD Nº 8

Igual que el ejercicio anterior, pero esta vez intentamos que los talones toquen los glúteos.

| ACTIVIDAD N° 9 | Corriendo por el terreno de juego, pasar a dar pequeños saltos sobre el sitio a la señal del profesor. |

| ACTIVIDAD N° 10 | En cuclillas, por parejas, intentar derribar al compañero empujándole de las manos. |

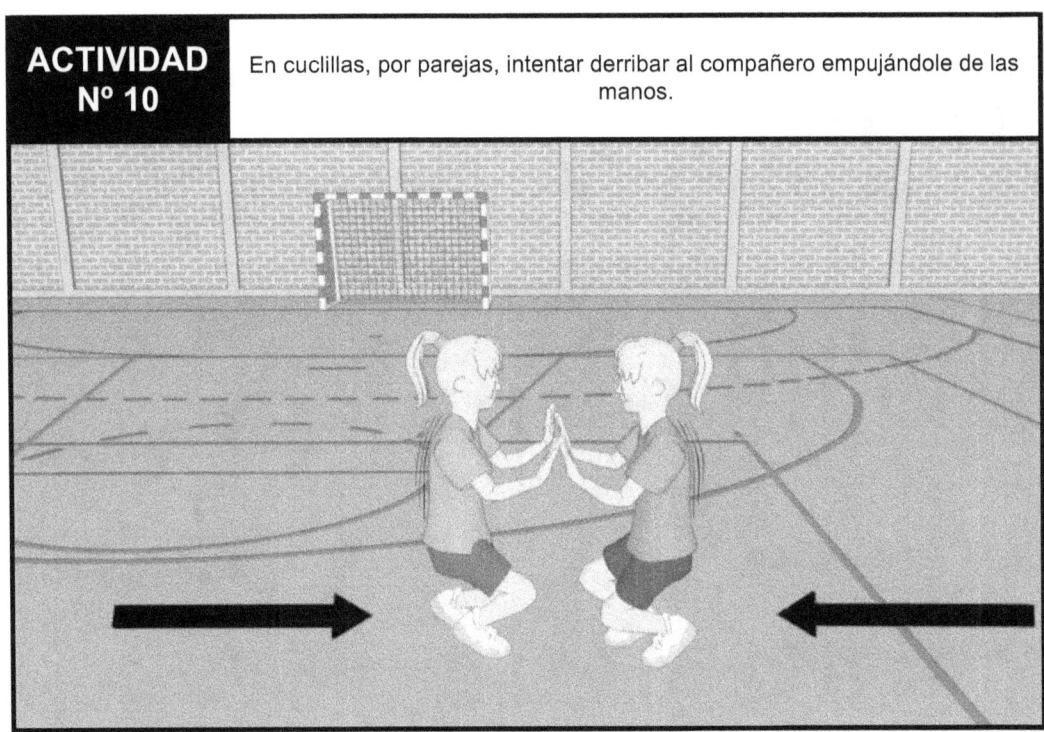

ACTIVIDAD Nº 11 — Igual que el ejercicio anterior, pero ahora los alumnos están arrodillados e intentan desequilibrar al contrario tumbándolo.

ACTIVIDAD Nº 12 — Sentados, dándole la espalda al compañero, intentar desplazarlo.

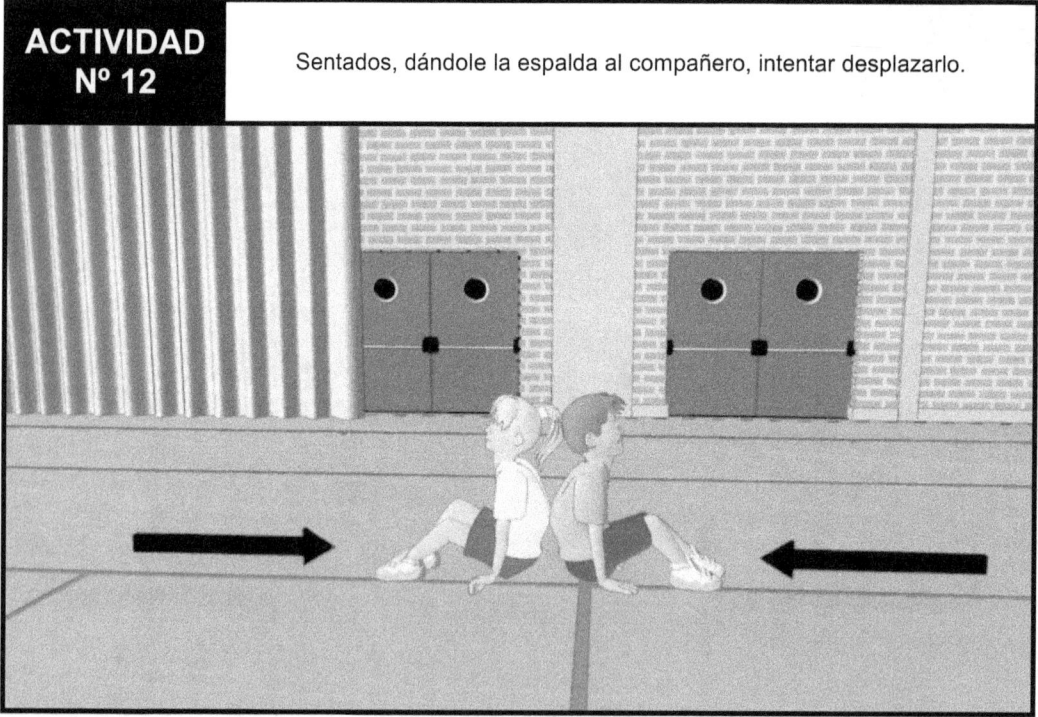

ACTIVIDAD Nº 13

Sentados por parejas, intentar que el compañero no se levante.

ACTIVIDAD Nº 14

Por parejas, el primero de ellos acostado intenta desplazarse girando. El otro alumno debe impedir que su compañero se mueva.

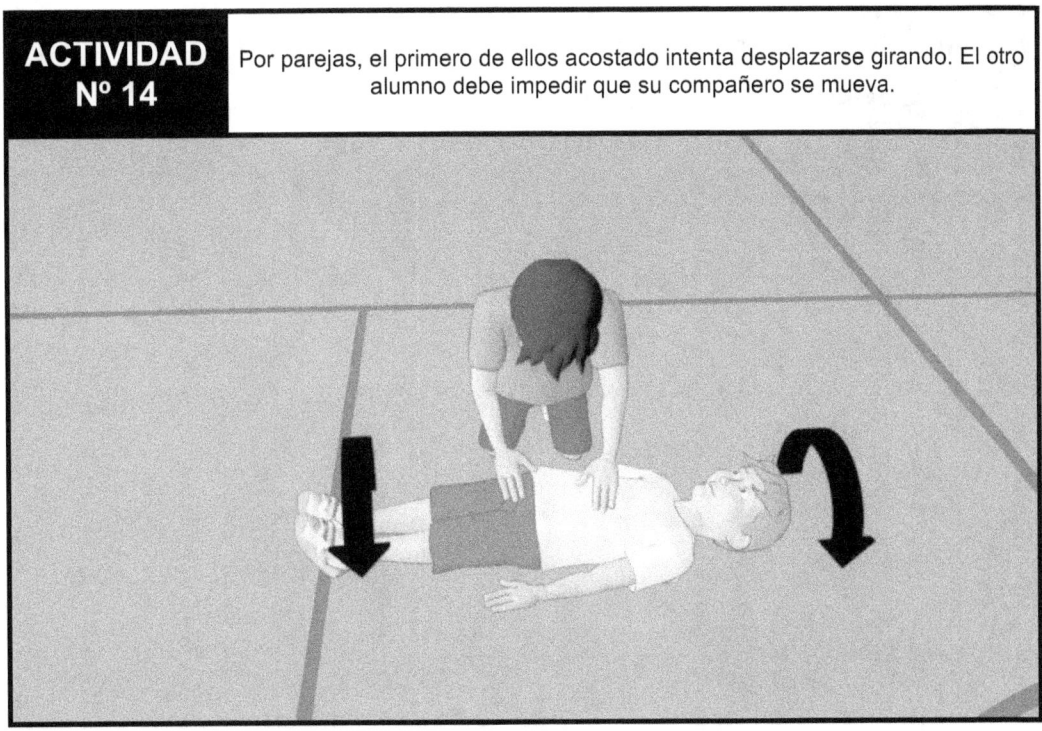

ACTIVIDAD Nº 15

Por parejas, un alumno se acuesta en el suelo y el otro lo salta con una zancada amplia.

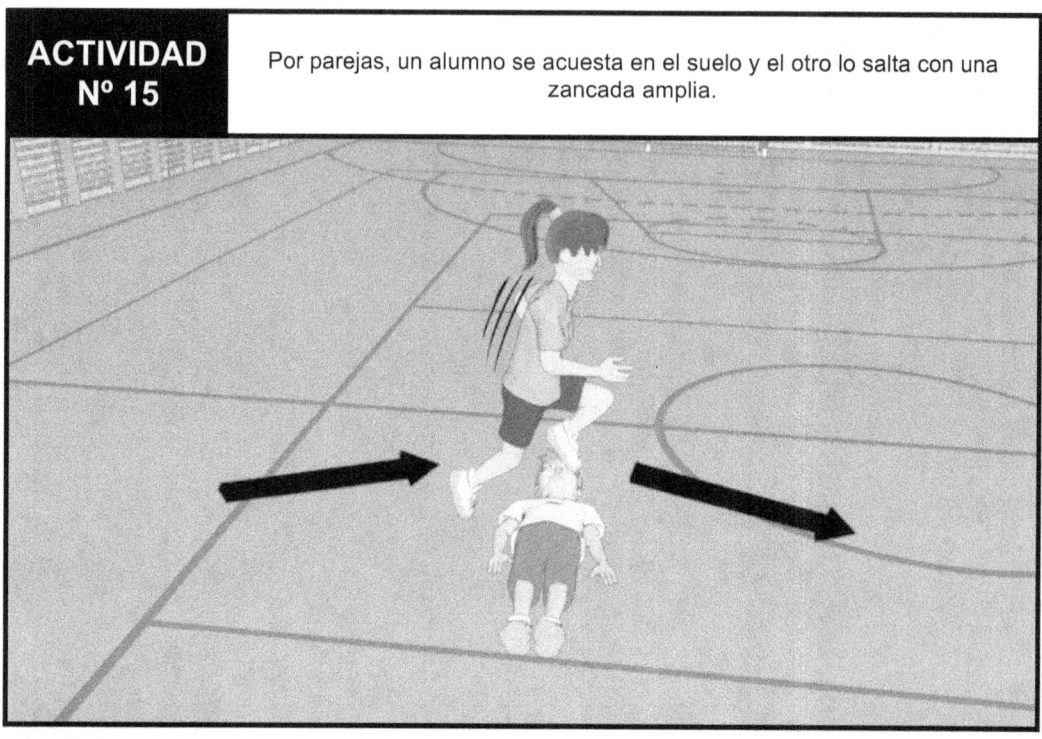

ACTIVIDAD Nº 16

En la misma posición que el ejercicio anterior, pero esta vez el alumno que está acostado lo hace con los brazos en cruz y las piernas abiertas. El otro compañero lo salta en cualquier dirección.

ACTIVIDAD Nº 17

Por parejas, el primero agachado en el suelo con la barbilla pegada al pecho y las manos dentro del cuerpo. El otro alumno salta por encima.

ACTIVIDAD Nº 18

Igual que el ejercicio anterior, pero esta vez el alumno que está debajo se coloca en cuadrupedia para que su compañero lo salte.

ACTIVIDAD Nº 19 — Desplazarse en filas por el terreno saltando a la "piola". El alumno que salta a su compañero se agacha para que éste lo salte, y así sucesivamente.

ACTIVIDAD Nº 20 — Por parejas, el primer alumno se coloca en cuadrupedia. El otro compañero lo salta y después pasa por debajo de él reptando de espaldas.

| ACTIVIDAD Nº 21 | Sentados en el suelo dándole la espalda a nuestro compañero y entrecruzando nuestros brazos, intentar subir y bajar sin perder el equilibrio. |

| ACTIVIDAD Nº 22 | Por parejas, agarrados de las manos y con los pies enfrentados, intentar subir y bajar al compañero. |

ACTIVIDAD Nº 23

Pasar entre las piernas abiertas de un compañero describiendo la trayectoria de un "ocho" (en cuadrupedia, reptando…)

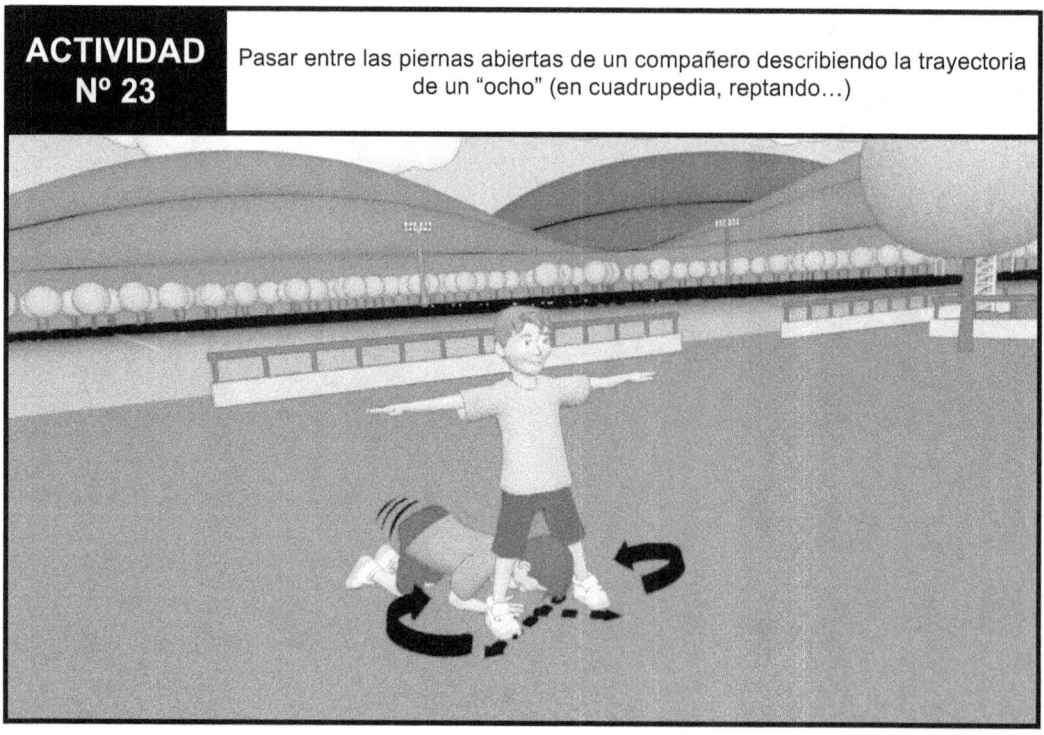

ACTIVIDAD Nº 24

De pie, dándole la espalda a nuestro compañero y agarrandose de los brazos, subir las piernas de forma alternativa coordinando el movimiento.

ACTIVIDAD Nº 25

Desplazarse a modo de "cangrejo" entre las piernas de un compañero que está de pie.

ACTIVIDAD Nº 26

Por parejas, uno hace de puente que sube y baja cada cierto tiempo. El otro compañero pasa por debajo sin tocar el puente.

ACTIVIDAD Nº 27: Por parejas, atrapando una pierna de nuestro compañero, intentar girar a diferentes velocidades.

ACTIVIDAD Nº 28: Por parejas, uno en cuadrupedia. El otro irá describiendo la trayectoria de un círculo con el cuerpo extendido, las manos en el suelo y los pies sobre la espalda del compañero intentando no perder el equilibrio.

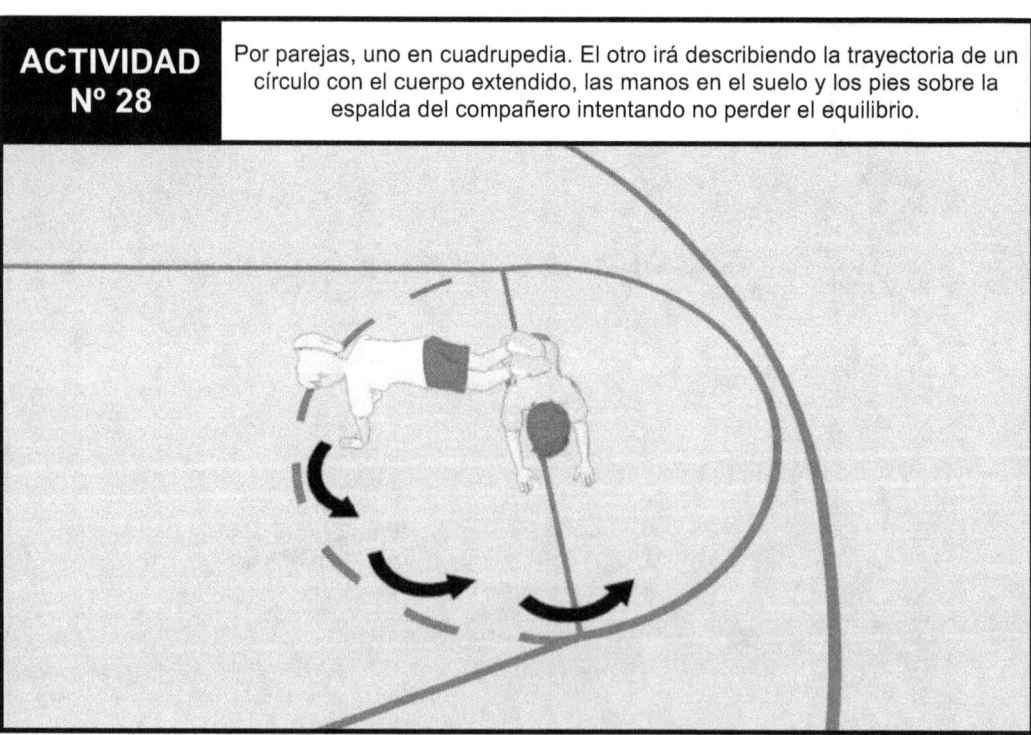

ACTIVIDAD Nº 29

Desplazarse por el terreno de juego sentándose o corriendo cada vez que escuchemos la señal acordada.

ACTIVIDAD Nº 30

Carreras hasta el lado contrario del espacio de trabajo para recoger un pañuelo que está en el suelo. Después volver al sitio.

ACTIVIDAD Nº 31: Desplazarse hacia un compañero que está arrodillado y tocarle. A continuación éste se levanta y corre a pillar al que le había tocado.

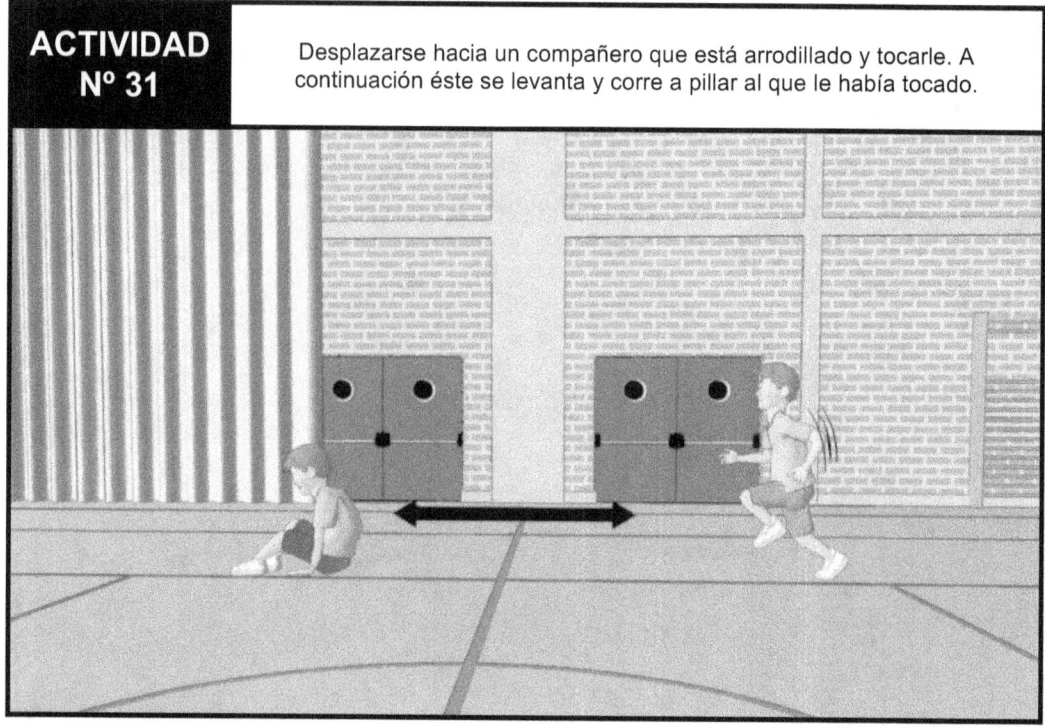

ACTIVIDAD Nº 32: Igual que el ejercicio anterior, pero esta vez el compañero que espera lo hace de pie.

| ACTIVIDAD N° 33 | Por parejas o en filas, correr hacia un compañero que esta arrodillado y con el brazo levantado a diferentes alturas. A continuación saltar por encima del brazo sin tocarlo. |

| ACTIVIDAD N° 34 | Por parejas, el primero sentado en el suelo con piernas y brazos abiertos. El otro compañero salta entre las piernas y por encima de los brazos en diferentes direcciones. |

ACTIVIDAD Nº 35

Desplazarse por el terreno de juego corriendo hacia delante. A la señal del profesor hacerlo hacia atrás y viceversa.

ACTIVIDAD Nº 36

"Los zorros". Varios jugadores se colocan un pañuelo detrás del pantalón como si fuesen colas y corren por el terreno de juego intentando que el resto de compañeros no se los quiten.

ACTIVIDAD Nº 37 — Por parejas, cada uno en un extremo del terreno de juego. A la señal del profesor correr hacia nuestro compañero y pararnos justo cuando vayamos a chocar. A continuación volver al punto inicial corriendo de espalda.

ACTIVIDAD Nº 38 — Por parejas, corriendo detrás uno detrás de otro, detenerse cuando el compañero de delante haga una señal (levantar la mano, dar un salto…)

ACTIVIDAD Nº 39

Desplazarse por el terreno de juego y, a la señal del profesor, saltar hacia delante y frenar en seco.

ACTIVIDAD Nº 40

Corriendo por el espacio de trabajo, dar un pisotón fuerte cada cierto número de pasos (3, ó 4 pasos).

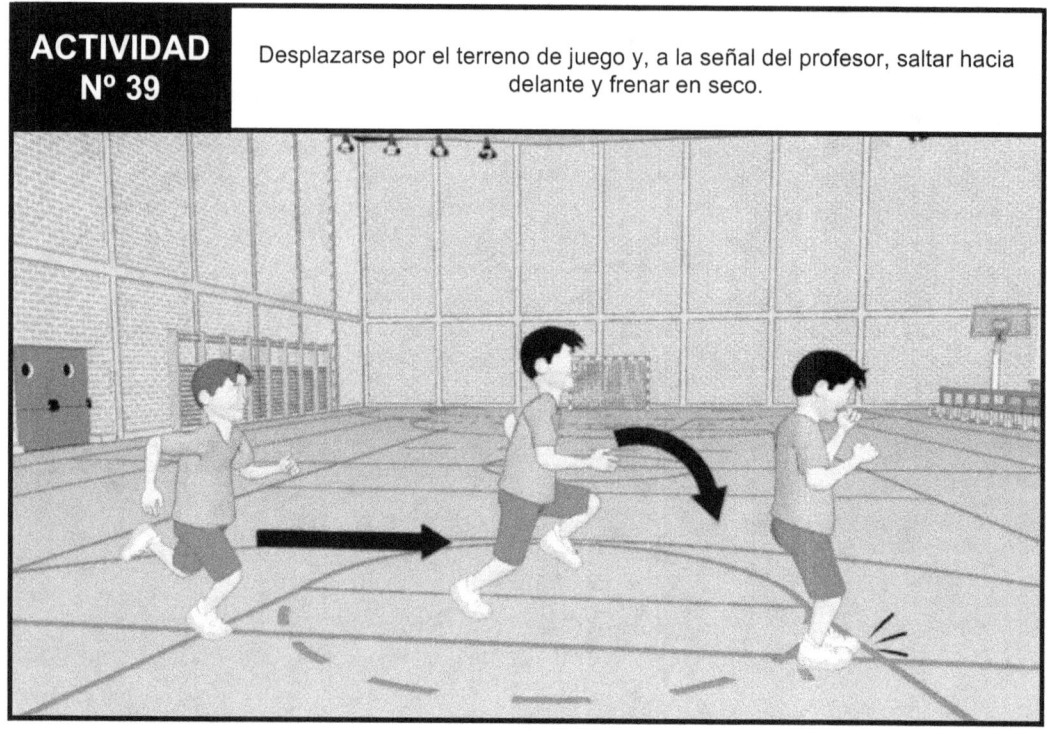

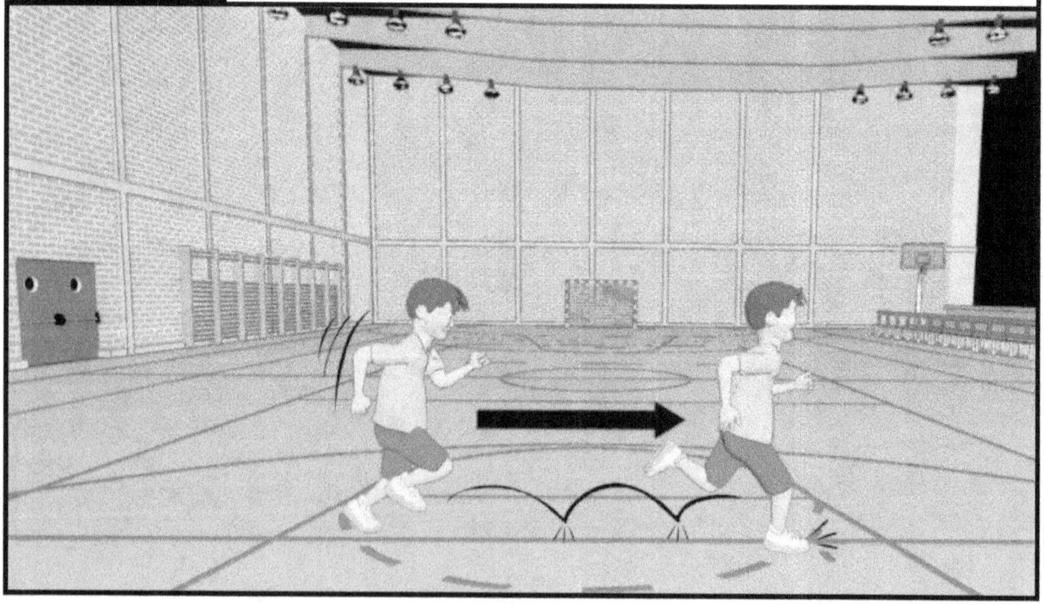

ACTIVIDAD Nº 41: En tríos, transportar a un compañero haciéndole una sillita, agarrándole entre los brazos y las piernas como nuestra ilustración.

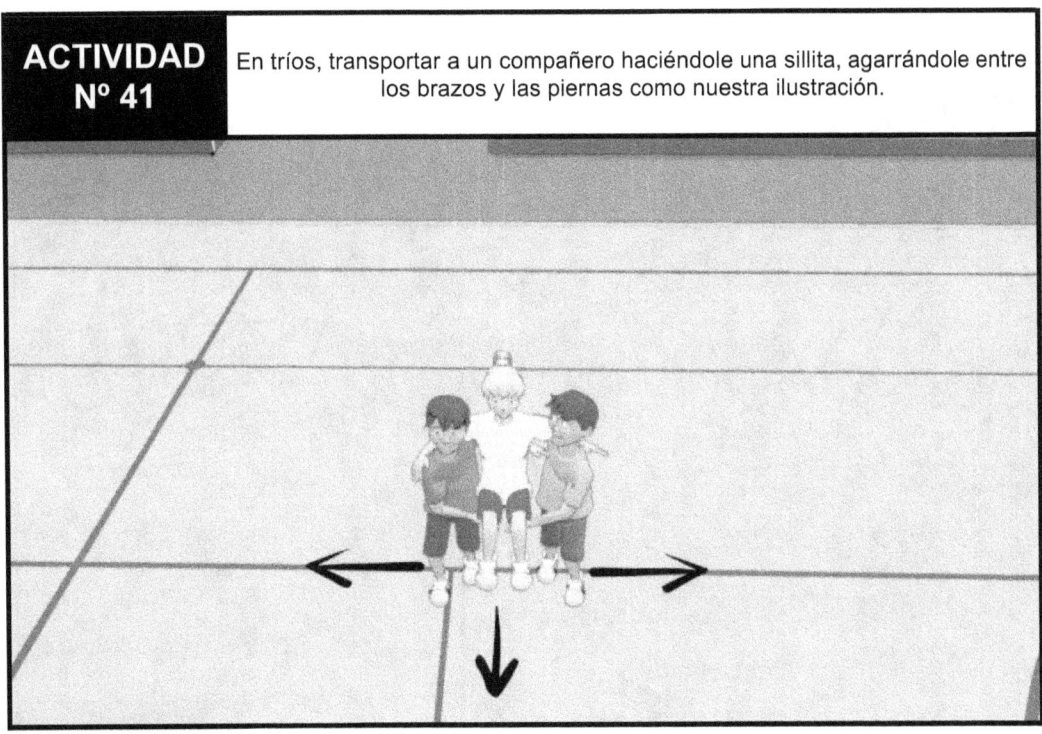

ACTIVIDAD Nº 42: Por tríos, el primero delante haciendo de "caballo" que es conducido por otros dos compañeros. Éstos le indican la velocidad, dirección, etc.

ACTIVIDAD Nº 43 — Por tríos, agarrados de las manos formando un triángulo, correr hacia delante y hacia atrás sin soltarse.

ACTIVIDAD Nº 44 — Por tríos, el compañero situado en el centro pivota sobre sus pies en el suelo dejando el cuerpo "muerto". Sus compañeros lo empujan de un lado a otro con cuidado.

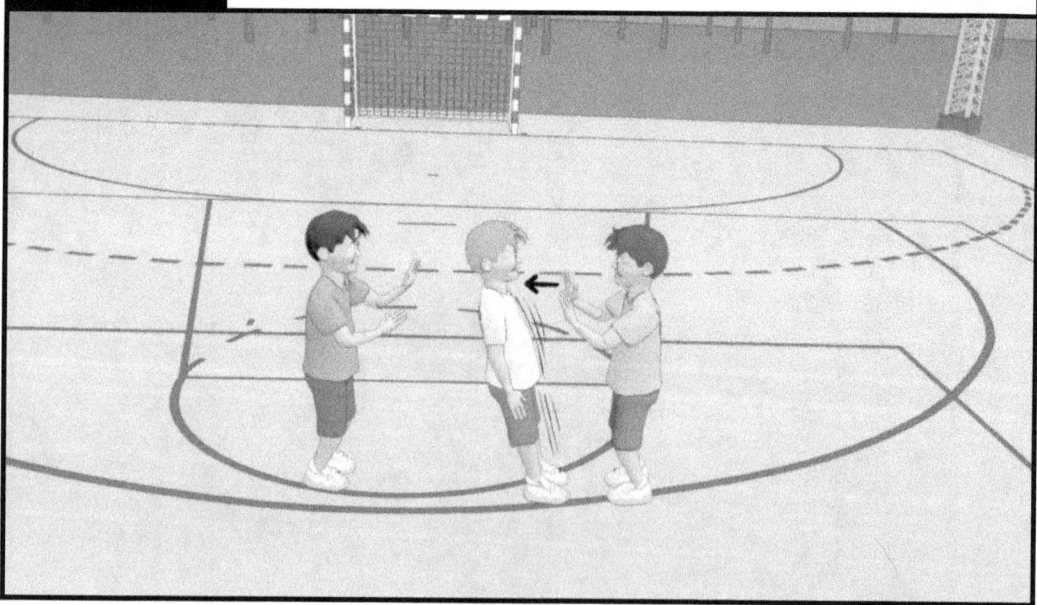

ACTIVIDAD Nº 45 — Colocados de pie y de espaldas a una colchoneta, agacharse y ejecutar una voltereta hacia atrás.

ACTIVIDAD Nº 46 — Tras ejecutar una voltereta hacia delante, aprovechar la velocidad y dar un salto lo más alto posible.

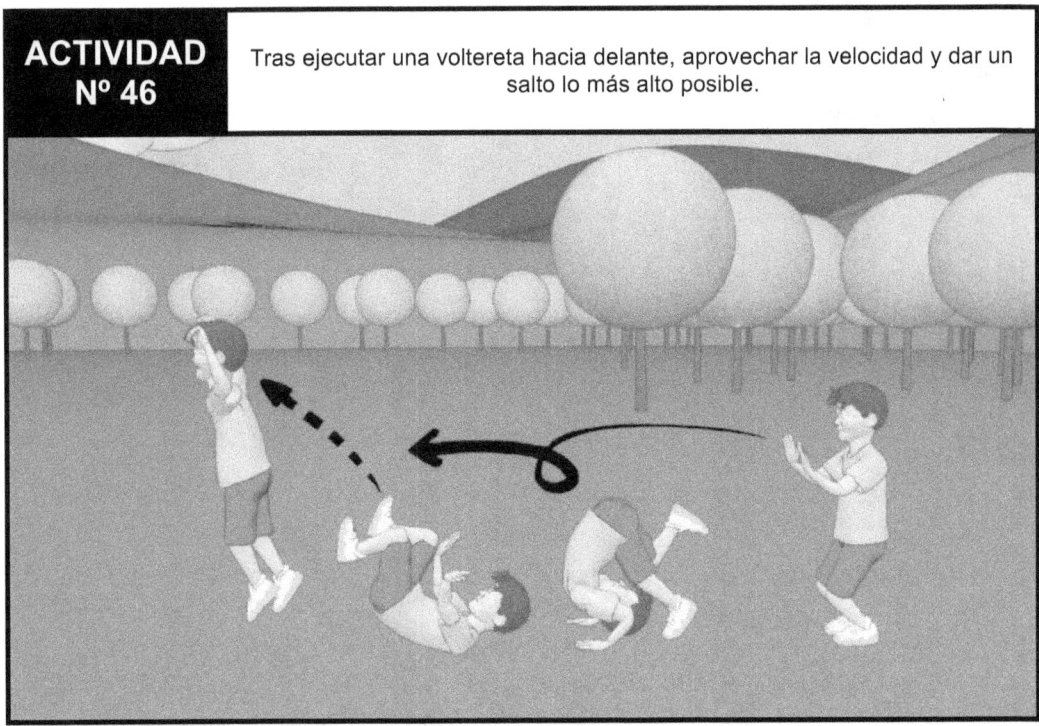

ACTIVIDAD Nº 47

Tras colocar en el suelo diferentes filas de aros, correr entre ellos dando saltos sin salirnos.

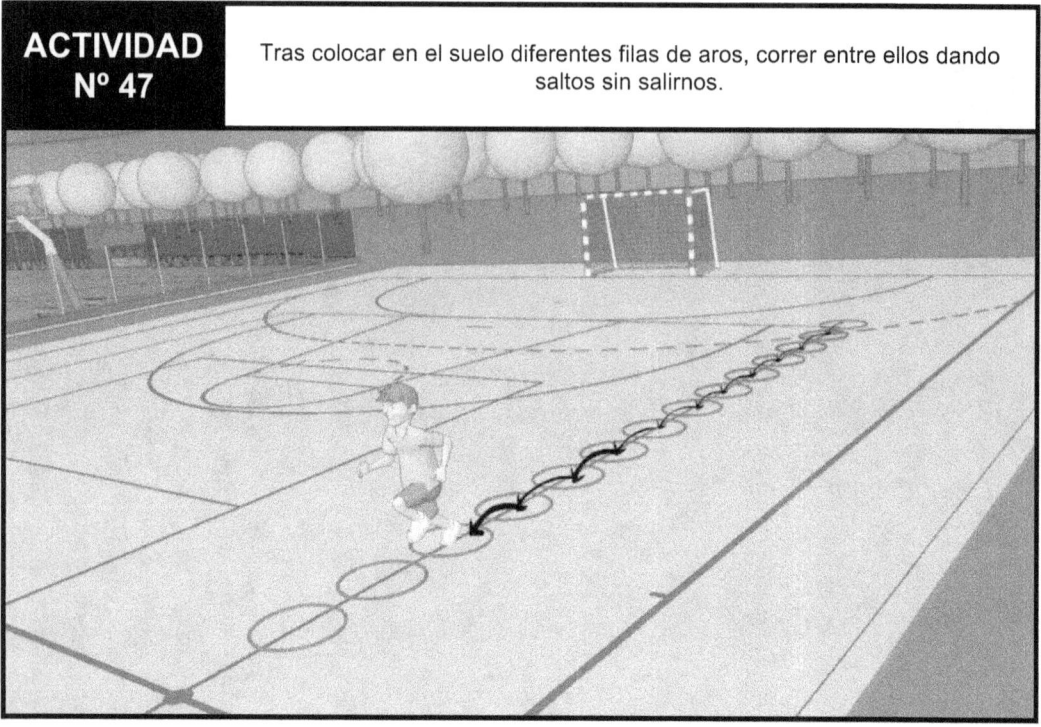

ACTIVIDAD Nº 48

Colocando esta vez dos filas de aros a diferentes distancias, desplazarse entre ellos saltando en zig-zag.

ACTIVIDAD Nº 49

Igual que los ejercicios anteriores, pero ahora los aros se encuentran dispuestos en el suelo formando una curva.

ACTIVIDAD Nº 50

Tras colocar una fila de aros en el suelo, desplazarse por ellos dando pasos / saltos hacia atrás.

ACTIVIDAD Nº 51 — Con dos filas de aros situadas a la misma distancia, desplazarse saltando hacia delante apoyando un pie en cada aro.

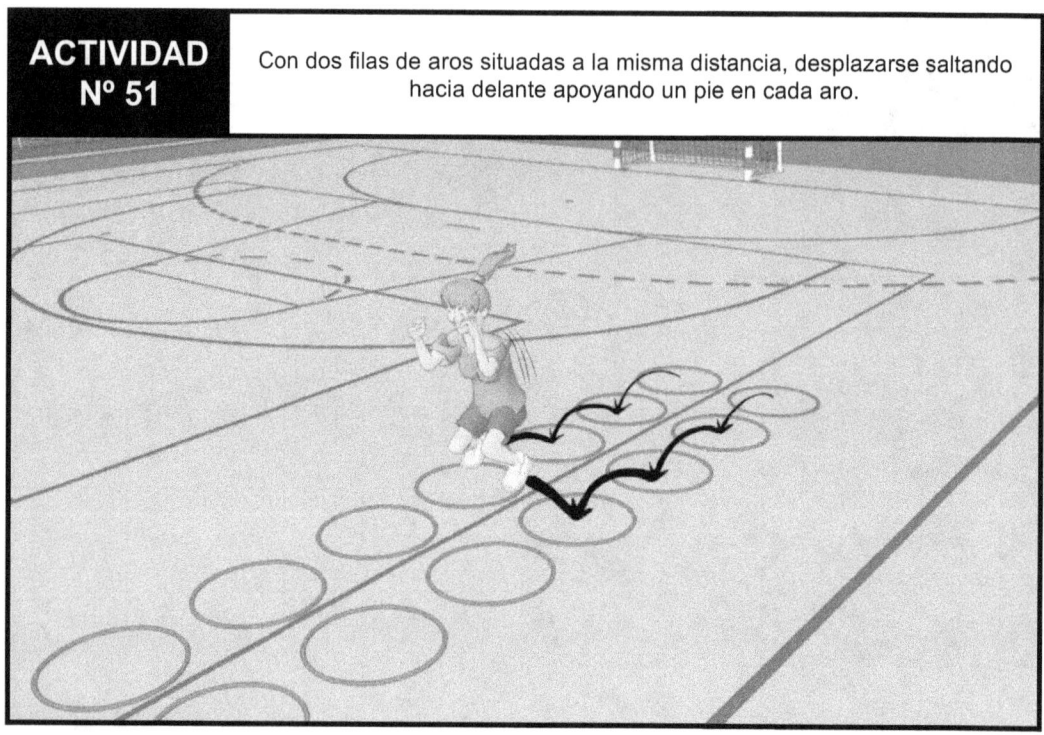

ACTIVIDAD Nº 52 — Con los aros dispuestos aleatoriamente por el espacio de trabajo, saltar entre los mismos a pies juntos sin salirse.

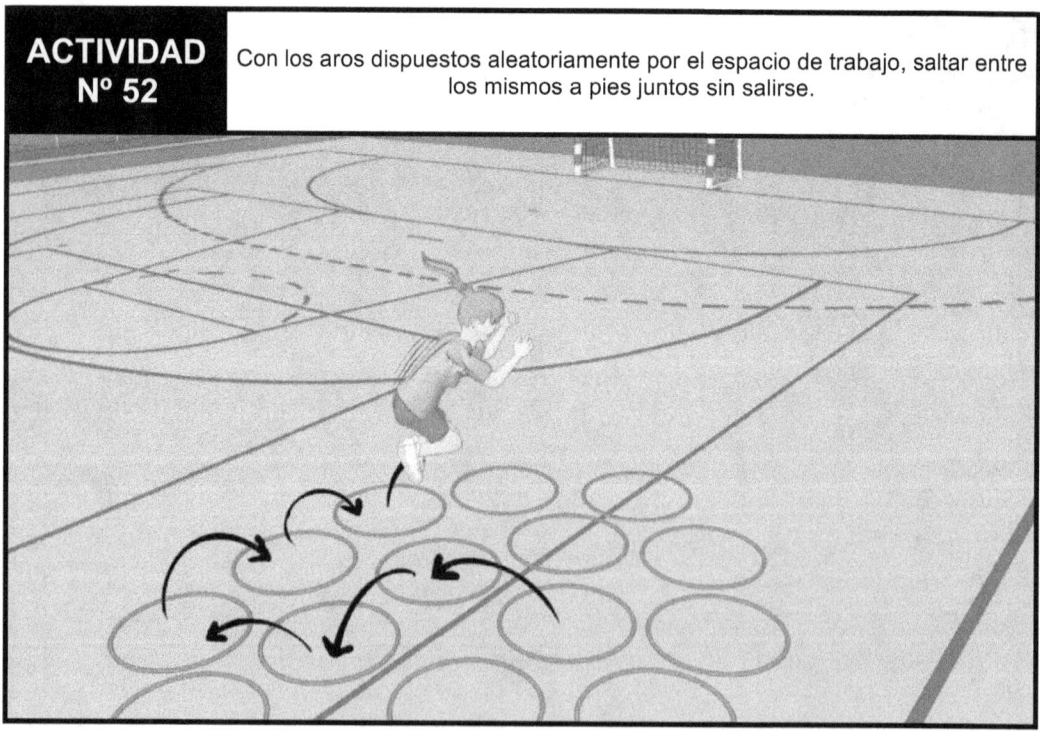

ACTIVIDAD Nº 53

Por parejas, con un aro, desplazarse por todo el espacio en cualquier dirección y a diferentes velocidades sin soltar el aro.

ACTIVIDAD Nº 54

Por parejas, con un aro, desplazarse en cuclillas sin soltar el aro.

ACTIVIDAD Nº 55

Igual que el ejercicio anterior pero esta vez nos desplazamos girando hacia ambos lados sin soltar el aro.

ACTIVIDAD Nº 56

Por parejas, correr por todo el espacio de trabajo dentro de un aro.

ACTIVIDAD Nº 57

Con los aros dispuestos en el suelo, entrar en ellos y salir dando cada vez un giro de 180º.

ACTIVIDAD Nº 58

En cuclillas, con una pica colocada sobre las piernas, intentar desplazarse hacia delante sin caerla.

ACTIVIDAD Nº 59 — Desplazarse por el terreno de juego haciendo equilibrio con una pica (sobre la palma de la mano, sobre el dorso, sobre uno o varios dedos…).

ACTIVIDAD Nº 60 — Corriendo por todo el espacio con una pica, lanzarla al suelo haciéndola rodar y saltarla. A continuación recogemos la pica y volvemos a repetir la acción.

| ACTIVIDAD Nº 61 | Por parejas, con una o dos picas, el que va delante arrastra al compañero de atrás. |

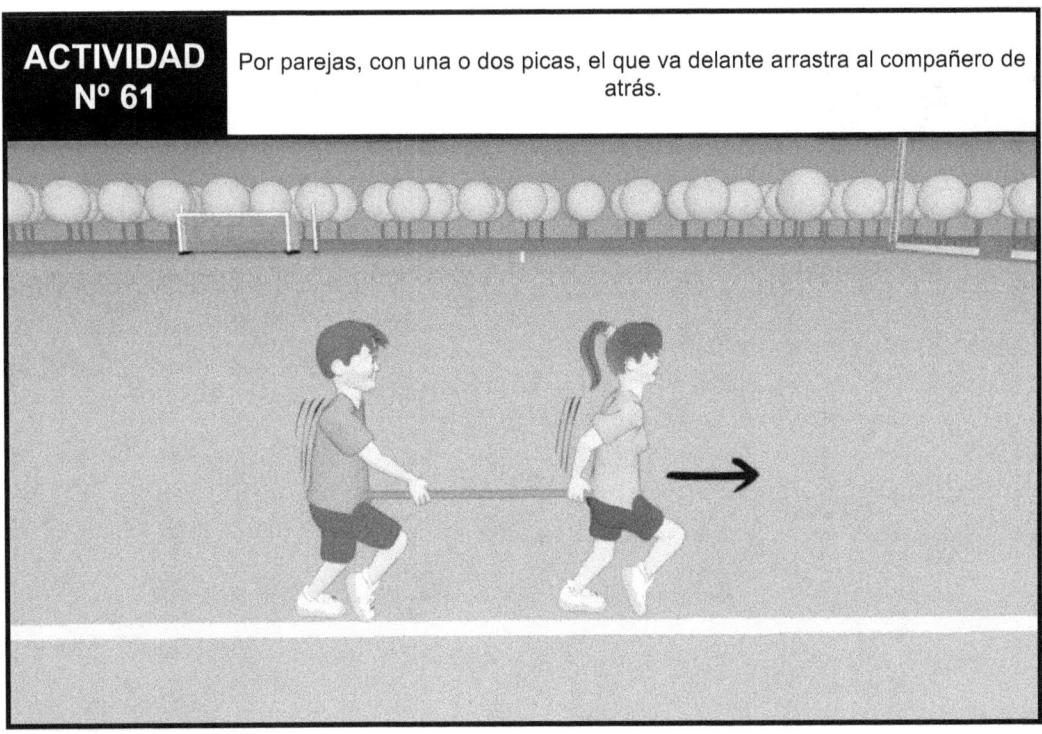

| ACTIVIDAD Nº 62 | Agarrando una pica uno por cada extremo, intentar desplazar a nuestro compañero. |

ACTIVIDAD Nº 63 — Con dos picas, por parejas, el que está delante intenta avanzar mientras su compañero le frena el movimiento.

ACTIVIDAD Nº 64 — Con las picas enfrentadas, empujar hacia delante intentando desplazar a nuestro compañero hacia atrás.

ACTIVIDAD Nº 65

En cuclillas, agarrando dos picas, intentar llevar al contrario hasta nuestro terreno empujando hacia atrás.

ACTIVIDAD Nº 66

Por parejas, el primero delante de pie o en cuclillas y el compañero detrás en cuclillas agarrados de una misma pica. Desde esta posición avanzar hacia delante.

ACTIVIDAD Nº 67

En posición de flexión de brazos pero con los pies colocados sobre una pica que sostiene un compañero, avanza hacia delante apoyando firmemente las manos.

ACTIVIDAD Nº 68

Saltar a la comba con los pies juntos.

ACTIVIDAD Nº 69

Saltar a la comba a "pata coja", dando diez saltos con una pierna para después cambiar a la otra sin interrumpir los giros.

ACTIVIDAD Nº 70

Saltar a la comba pisando de forma alternativa con cada pie (izquierda-derecha-izquierda-derecha…).

ACTIVIDAD Nº 71 — Desplazarse por un espacio lleno de obstáculos (cuerdas y aros) sin pisarlos.

ACTIVIDAD Nº 72 — Igual que el ejercicio anterior, pero ahora las cuerdas se sitúan entre los aros de diferentes formas (transversal o longitudinalmente respecto a la dirección de desplazamiento).

ACTIVIDAD Nº 73

Tras colocar dos cuerdas en el suelo de forma paralela, saltar sobre ellas dando un giro de 180º en el aire.

ACTIVIDAD Nº 74

Con las cuerdas colocadas en la misma disposición que el ejercicio anterior, pero ahora saltamos sobre ellas abriendo las piernas y cerrándolas sin tocarlas a medida que avanzamos.

ACTIVIDAD Nº 75 — Igual que el ejercicio anterior, pero esta vez avanzamos saltando las cuerdas de lado a lado.

ACTIVIDAD Nº 76 — Con dos cuerdas en el suelo dibujando una cruz, saltarlas en todas las direcciones que nos imaginemos.

| ACTIVIDAD N° 77 | Disponiendo neumáticos usados por todo el espacio, de trabajo, correr entre ellos sin tocarlos. |

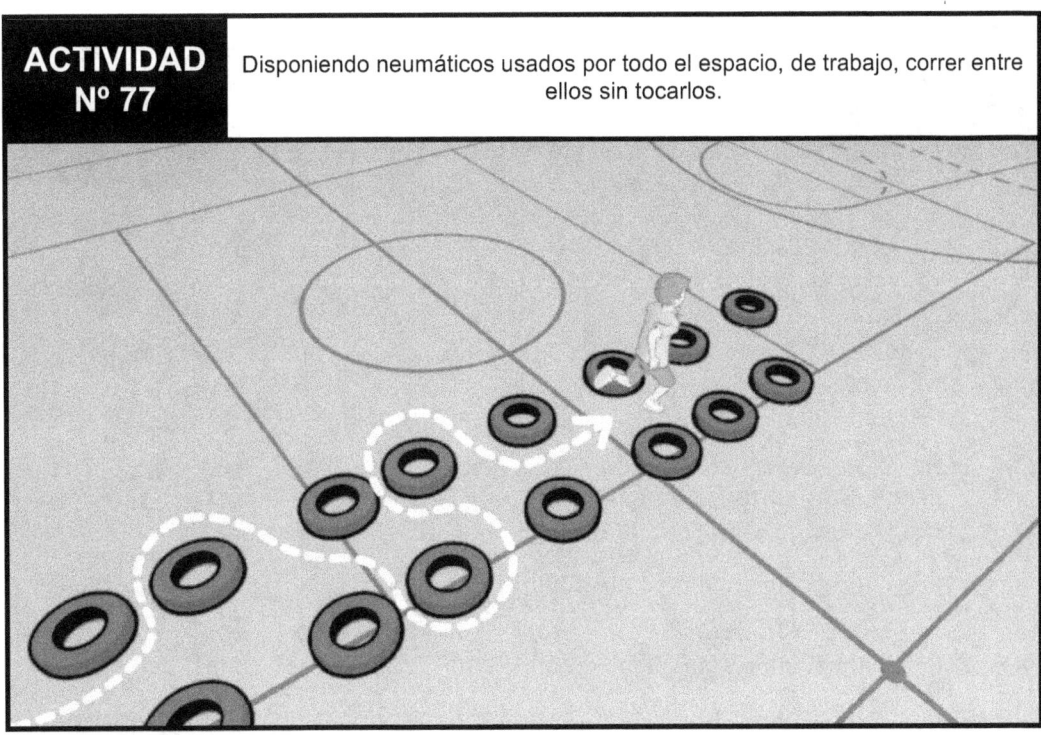

| ACTIVIDAD N° 78 | Igual que el ejercicio anterior, pero ahora podemos pisar con un pie dentro de cada neumático. |

| ACTIVIDAD Nº 79 | Agrupados encima de un neumático, como muestra la ilustración, extender y flexionar las piernas apoyándolas consecutivamente en el suelo y en el borde de la cubierta. |

| ACTIVIDAD Nº 80 | En cuadrupedia, agarrando el neumático por su interior, girar en ambos sentidos. |

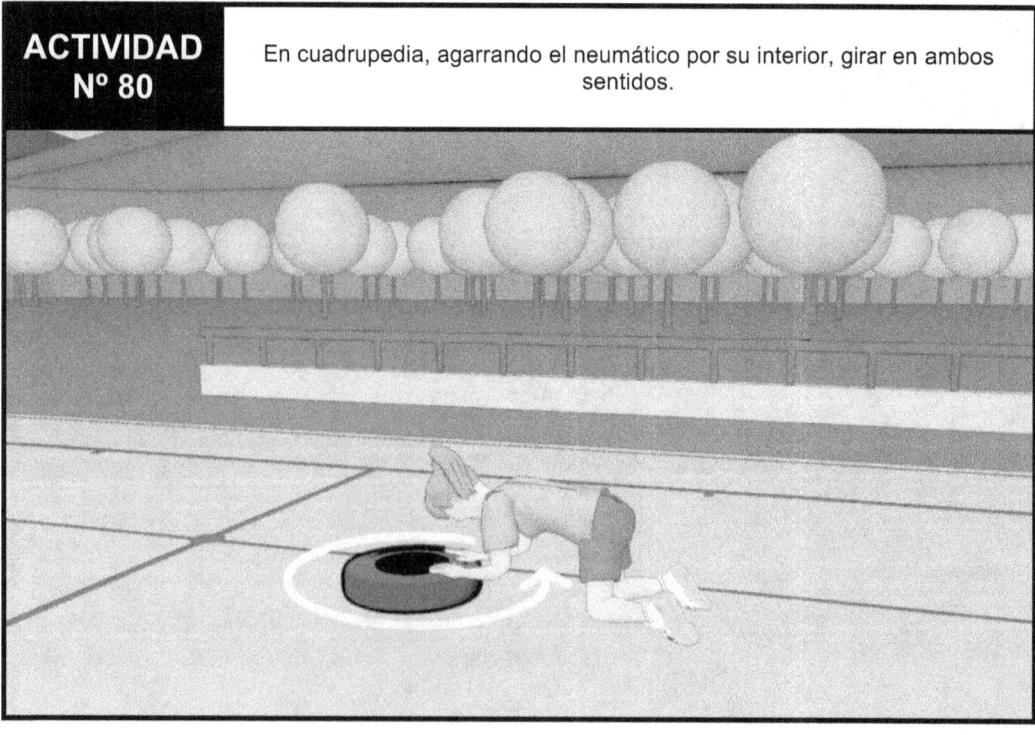

ACTIVIDAD Nº 81

En posición de flexión de brazos, con las piernas extendidas y apoyadas sobre el neumático, intentar girar en cualquiera de las direcciones. (Variante: de espaldas).

ACTIVIDAD Nº 82

Tras girar un neumático y dejar que caiga al suelo, saltar dentro con los pies juntos.

ACTIVIDAD Nº 83

Tras girar un neumático y dejar que caiga al suelo, saltar dentro con los pies juntos y de espaldas.

ACTIVIDAD Nº 84

Tras hacer rodar un neumático, pasar por dentro de él.

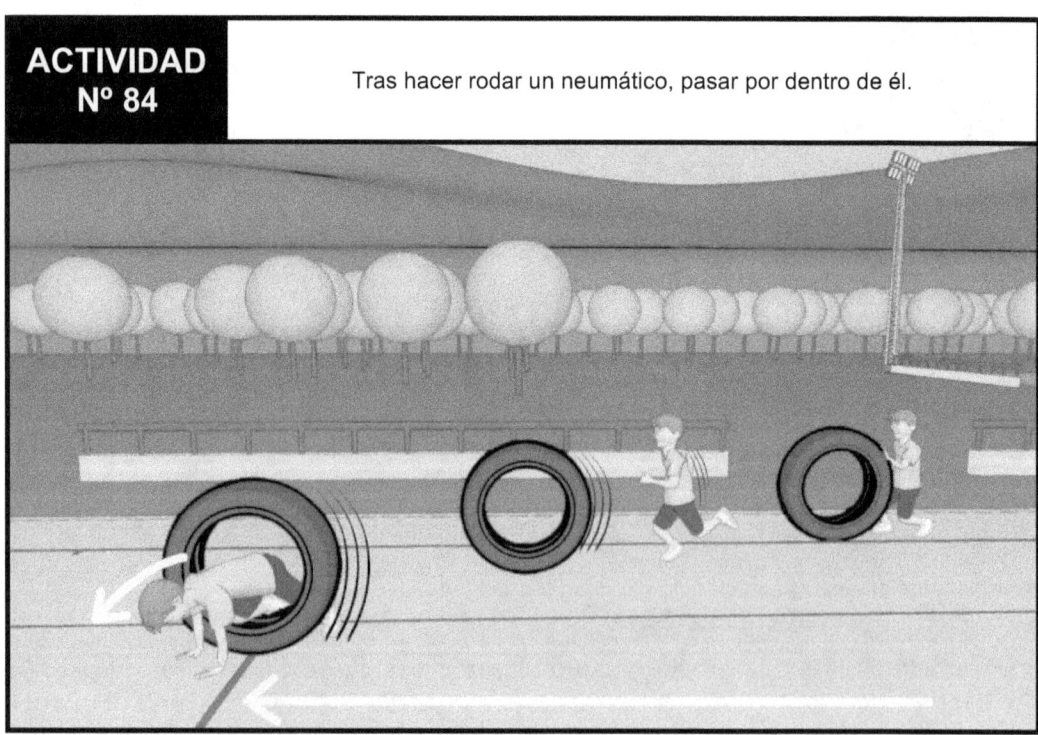

ACTIVIDAD Nº 85
Por parejas, pasarse un neumático haciéndolo rodar. Tratar de realizar lanzamientos lo más variado posibles (Variante: pasar dos neumáticos a la vez).

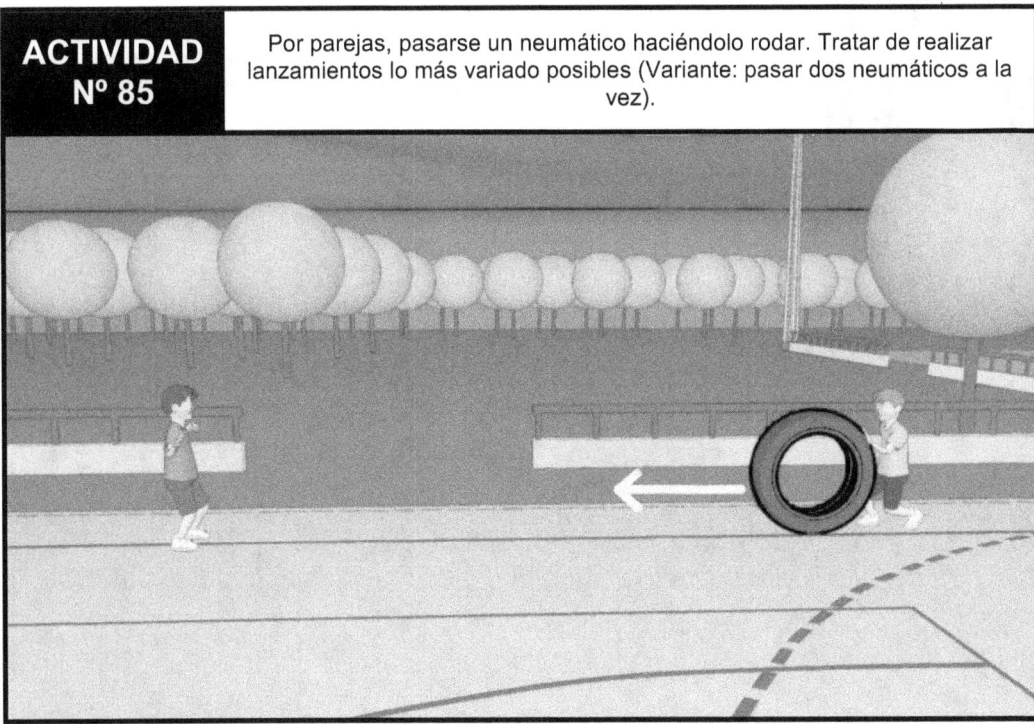

ACTIVIDAD Nº 86
Por parejas, pasarse un neumático con el pie de lado a lado sin que caiga al suelo intentando dar el mayor número posible de pases seguidos.

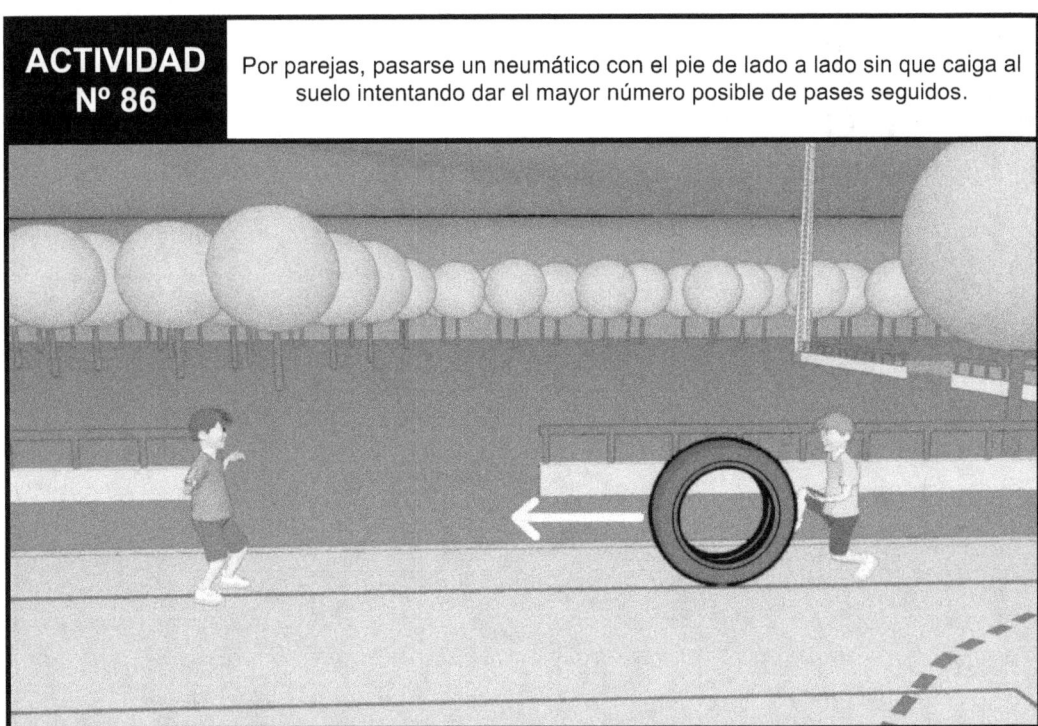

| **ACTIVIDAD Nº 87** | Por parejas, con un neumático, echar un pulso agarrándolo cada uno por cada extremo intentando llevar al contrario a nuestro terreno. |

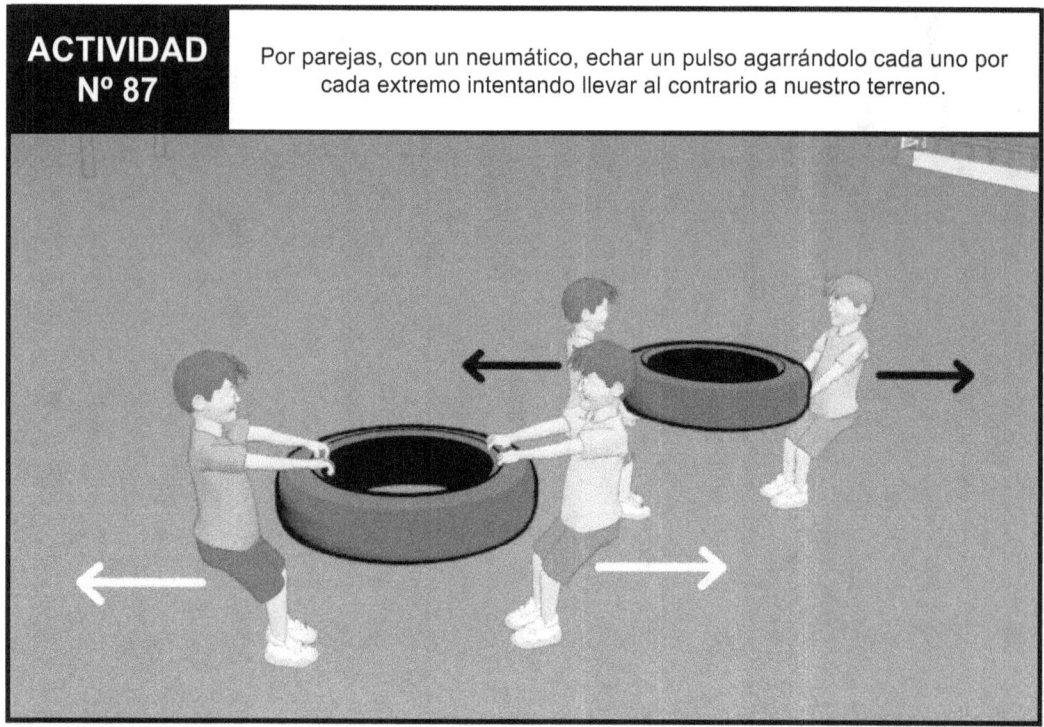

| **ACTIVIDAD Nº 88** | Igual que el ejercicio anterior, pero ahora agarramos el neumático de espaldas. |

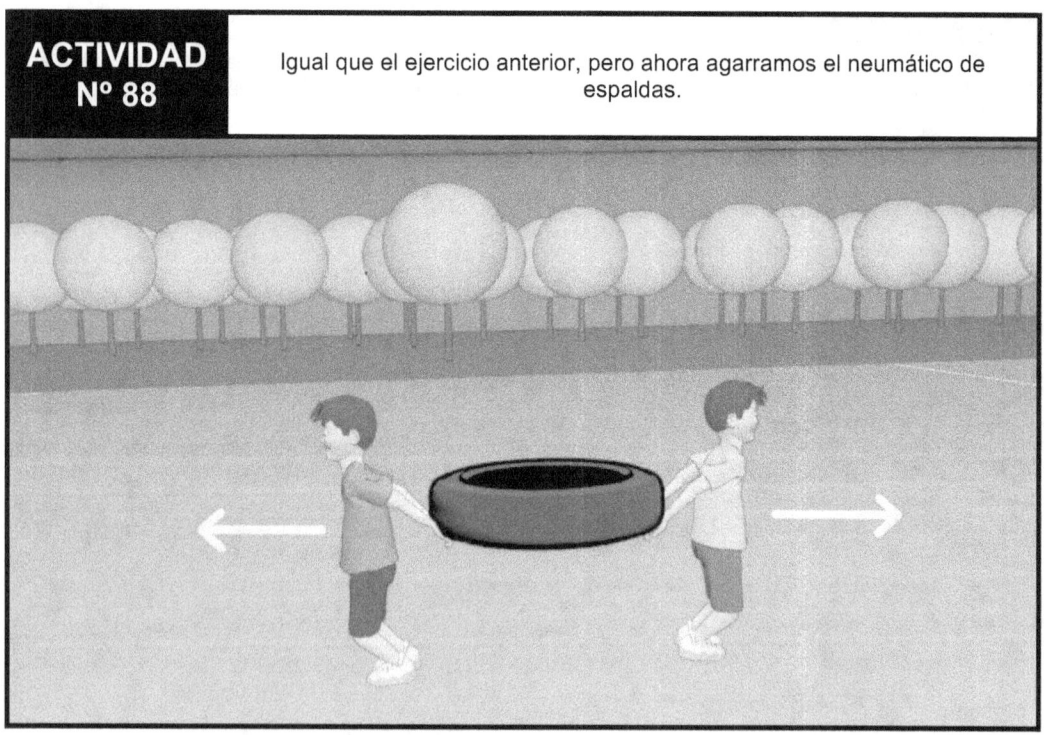

| ACTIVIDAD N° 89 | Agarrando por parejas el interior de un neumático, tratar de girar a medida que nos vamos agachando. |

| ACTIVIDAD N° 90 | Por parejas, con un neumático, el compañero que corre hacia delante se sitúa dentro del neumático mientras el otro está fuera frenando su movimiento. |

ACTIVIDAD Nº 91

Colocando un aro a cada lado de un banco sueco, desplazarse por encima haciendo un apoyo con pies juntos encima del banco y otro apoyo con pies juntos en cada aro de forma alternativa

ACTIVIDAD Nº 92

Con un banco sueco y una fila de aros a un lado, colocar una pierna en el banco y la otra dentro del primer aro. Desde esta posición apoyarse en el banco para saltar y caer en el siguiente aro de forma coordinada. Realizar el ejercicio en el sentido contrario.

| ACTIVIDAD N° 93 | Pasar por todos los obstáculos que nos encontremos en el recorrido realizando apoyos a una pierna. |

| ACTIVIDAD N° 94 | Igual que el ejercicio anterior, pero ahora pasamos los obstáculos a "pata coja" y a dos piernas de forma alternativa. |

| **ACTIVIDAD Nº 95** | Realizar una carrera en la que tenemos que tocar dentro de cada aro con el pie o mano que indica el profesor. |

| **ACTIVIDAD Nº 96** | Tras colocar un banco sueco y una fila de aros al lado, avanzar sobre éstos con un pie sobre el banco y el otro sobre los aros. Realizar el ejercicio en el sentido contrario. |

| ACTIVIDAD N° 97 | Correr por encima de varias colchonetas, saltando de una a otra sin pisar el suelo. |

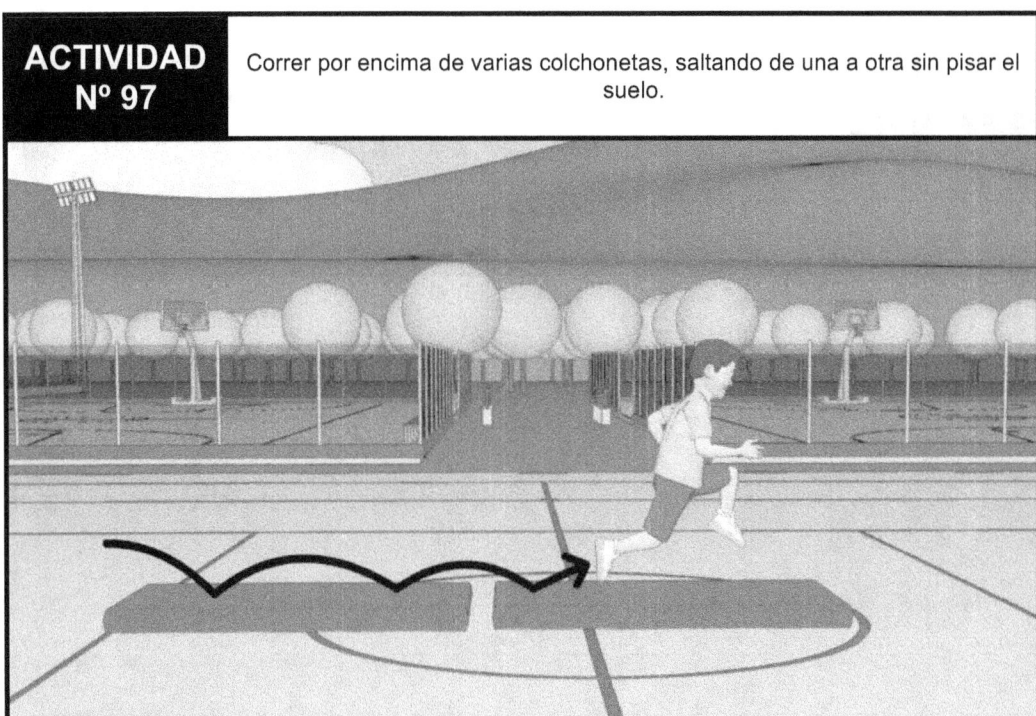

| ACTIVIDAD N° 98 | Correr hasta la primera colchoneta, pisar en su zona más próxima y dar un salto, de modo que lleguemos a la siguiente colchoneta para terminar el ejercicio. |

ACTIVIDAD Nº 99

Igual que el ejercicio anterior, pero esta vez corremos hacia la primera y la saltamos sin tocarla para caer en la segunda.

ACTIVIDAD Nº 100

Correr hasta la primera colchoneta y saltar por encima del cono que hay en su extremo para llegar hasta la siguiente colchoneta.

100 Ejercicios Y Juegos de Coordinación Óculo Motriz para niños de 8 a 10 años

Introducción

Uno de los objetivos que debemos tener presentes todos los docentes especialistas en Educación Física es el de *Educar a través del Movimiento*. Esto implica básicamente que nuestros alumnos sean capaces de afrontar los diversos problemas que les plantea el entorno de la forma más eficaz posible, utilizando para ello los recursos de que dispone su propio cuerpo. Dichas herramientas son variadas (cualidades perceptivo-motrices, cualidades físicas, esquema corporal, Sistema Nervioso Central...), pero si concebimos al ser humano de una manera integral es lógico pensar entonces que deban utilizarse todas a la vez, o al menos en la misma dirección, para obtener el mejor de los desarrollos posibles.

En las siguientes páginas vamos a ofrecerles el entramado teórico que envuelve a uno de los principales recursos corporales, la Coordinación, así como un amplio repertorio de actividades para trabajar de forma específica la Coordinación Óculo-Motriz con sus alumnos de 8 a 10 años de edad.

Concepto

Cuando vemos que un alumno se desplaza sorteando obstáculos sin derribarlos, cuando recibe un balón de baloncesto, lo bota y lo vuelve a pasar a un compañero, cuando esquiva la pelota que le han lanzado jugando a balontiro, o cuando, por ejemplo, trepa por una espaldera y desciende sin tocar los peldaños prohibidos, decimos que es un alumno coordinado. Del mismo modo, cuando vemos que lanza un balón a canasta y no toca ni el tablero, o cuando trata de completar un recorrido en zigzag y se salta algún cono, decimos que es descoordinado, pero... ¿qué es exactamente la Coordinación?

La Coordinación es una capacidad perceptivo motriz (junto al equilibrio) con la que adaptamos nuestro movimiento a las necesidades del entorno que nos rodea, poniendo en funcionamiento la musculatura necesaria en el momento adecuado, con una velocidad e intensidad acordes a dichos requerimientos.

Para considerar que un movimiento es coordinado podríamos prestar atención a las siguientes premisas:

- Existe una contracción de los músculos que resultan útiles para la realización del movimiento que nos llevará a cumplir el objetivo, así como una relajación de los músculos que no están implicados en el movimiento para facilitarlo o no interferir en él.

- Se han tenido en cuenta las distancias y colocación respecto a otros jugadores, objetos..., es decir, si se ha tenido conciencia del espacio en el que estamos (percepción espacial).
- Del mismo modo, se deben tener en cuenta las velocidades a las que se desplazan los objetos y jugadores del entorno, así como la nuestra (percepción temporal).
- Las dos anteriores son prácticamente inseparables, dando lugar a las trayectorias. Se debe haber tenido en cuenta, por tanto, la relación espacio-tiempo (percepción espacio-temporal) de cada uno de los elementos de la tarea.

Determinantes de la Coordinación

Son bastantes los factores que intervienen en el desarrollo de la Coordinación. Algunos de los más influyentes son:

- El **Esquema Corporal**: en cuanto a la capacidad de conocer y ser capaces de representar nuestro propio cuerpo, ya sea en reposo o en movimiento. Corre con la responsabilidad de hacer comprender cuál es la posición del cuerpo en cualquier instante, así como de conocer cuáles son los límites o posibilidades del mismo.
- El **Sistema Nervioso Central**: encargado de recibir los estímulos internos y externos al cuerpo, elaborar una respuesta, y transmitir la información para llevarla a cabo.
- Las **Cualidades Físicas Básicas**: cuantifican las posibilidades de nuestro movimiento considerando la Fuerza, Resistencia, Flexibilidad y Velocidad de cada organismo.
- El **Equilibrio**: como mecanismo de control de nuestro cuerpo y del movimiento que realizamos.
- **Herencia**: todos los componentes vienen determinados por la genética de cada individuo.
- **Edad / Aprendizaje**: las capacidades coordinativas comienzan a desarrollarse hacia los 4 años, produciéndose un afianzamiento de las mismas cuando se alcanzan los 12 años. Durante este tiempo es conveniente exponer al organismo al mayor número de experiencias de

aprendizaje posible para que desarrollemos la coordinación en todo su potencial.

- **Fatiga Muscular**: puesto que altera el ritmo de contracción-relajación de la musculatura.
- **Tensión Nerviosa**: tanto una tensión como una relajación excesivas provocan movimientos descoordinados.

Tipos de Coordinación

Le Boulch (1980), Porta (1988) y Seirullo (1993), entre otros autores, hacen referencia a la **Coordinación Dinámica General** como a aquella que tiene lugar cuando se ponen en funcionamiento gran parte o la totalidad de segmentos corporales (o musculatura). Esto implica, por regla general, situaciones de desplazamiento.

Dalila Molina (1977), expone el concepto de **Coordinación Visomotriz** para referirse a los movimientos manuales o corporales que surgen como respuesta a un estímulo visual, teniendo como finalidad la adaptación del movimiento a dicho estímulo. Este mismo concepto es denominado por otros autores como **Coordinación Óculo-Motriz** o **Coordinación Dinámica Segmentaria** (Seirulo, 1993 y Le Boulch, 1980), desglosándolo en Coordinación Óculo-Manual (cuando la relación aparece entre el sentido de la vista y las extremidades superiores), y Coordinación Óculo-Pédica (cuando la relación ocurre entre la vista y las extremidades inferiores). En la bibliografía específica sobre este tema podemos encontrar otro término que hace referencia a la coordinación existente entre el sentido de la vista y la ejecución de una tarea con la cabeza, denominándosele entonces coordinación Óculo-Cefálica.

Consideraciones para el trabajo de la Coordinación

La Coordinación es una capacidad que puede desarrollarse hasta la edad adulta, aunque nos interesa conocer que es desde aproximadamente los 4 años hasta los 12 el período clave para sentar las bases de su trabajo. En este intervalo de tiempo debemos exponer a nuestros alumnos al mayor número de experiencias posibles (y también lo más variadas), controlando en todo momento los tiempos de trabajo y descanso para evitar sobrecargas.

Algunas de las actividades tipo que podemos desarrollar aparecen en la siguiente tabla:

DESPLAZAMIENTOS	SALTOS	GIROS	LANZAMIENTOS	RECEPCIONES
Marchas Carreras Cuadrupedia Reptaciones ...	Con carrera Sin carrera Con 1 pie Con 2 pies ...	Sobre cada eje (longitudinal, anteroposterior, transversal) Según el apoyo (suspensión, suelo...) ...	Acompañamientos Golpeos Una mano Dos manos Pie ...	Paradas Controles Desvíos Una mano Dos manos ...

De vital importancia resulta presentar las propuestas que exponemos en las siguientes páginas de la manera más sencilla posible, intentando que nuestros alumnos encuentren las soluciones de ejecución mediante un procedimiento de ensayo-error. De esta forma conseguiremos aprendizajes realmente efectivos, además de posibilitar el desarrollo de la autoestima del alumno por ser el propio responsable de su éxito.

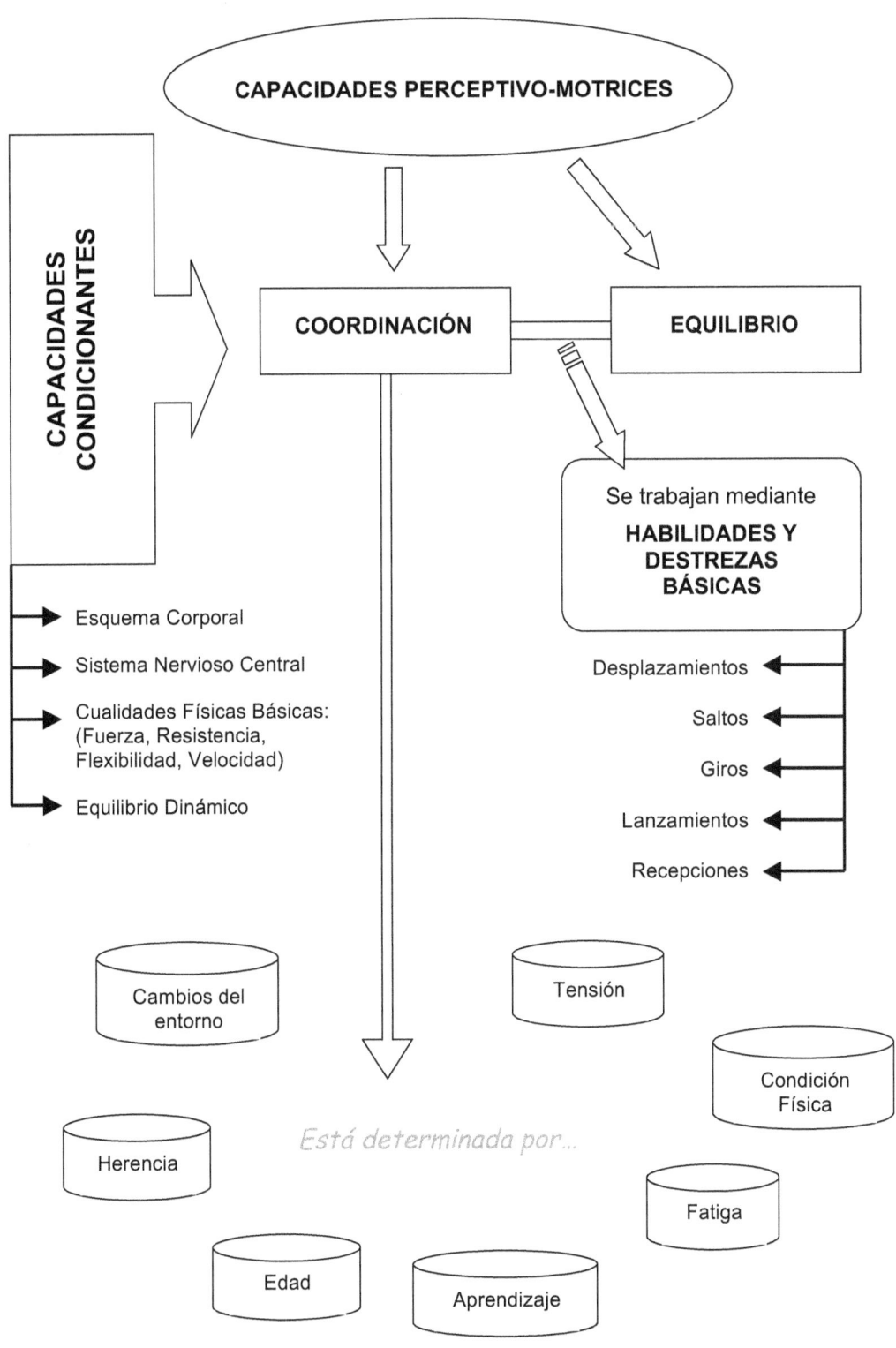

| ACTIVIDAD Nº 1 | En el sitio, golpear una pelota de plástico grande con diferentes partes de la mano (puño cerrado, dorso…) sin que caiga al suelo. |

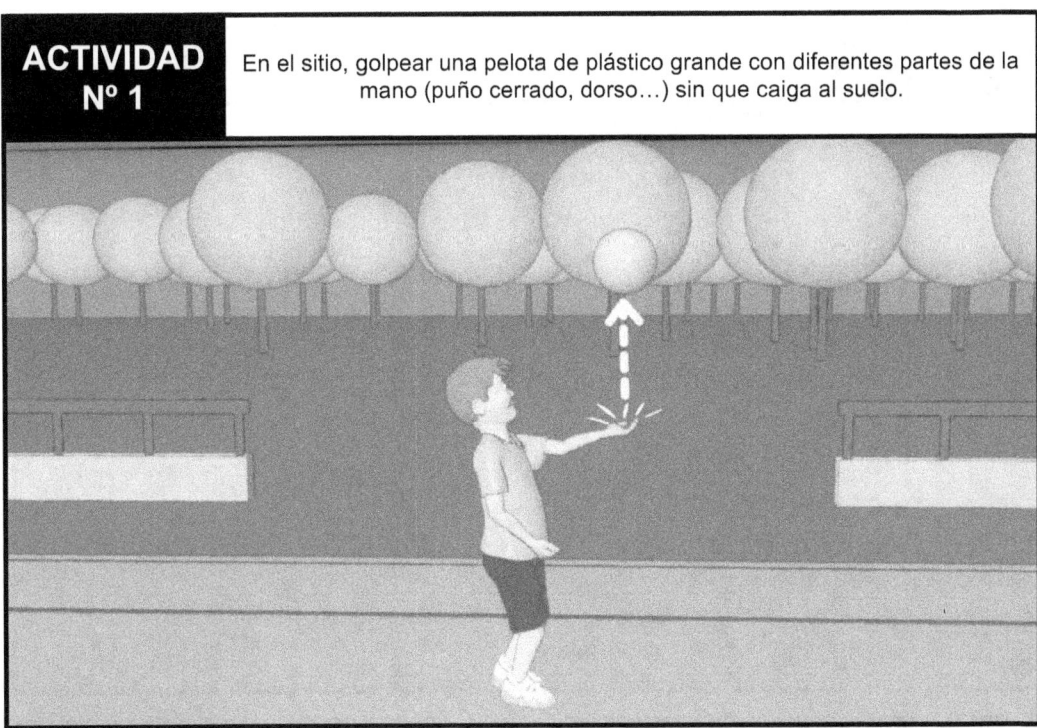

| ACTIVIDAD Nº 2 | Igual que el ejercicio anterior, pero ahora le damos un golpe con cada mano de forma alternativa. |

| ACTIVIDAD Nº 3 | Ejecutar diferentes secuencias de golpeo indicadas por el profesor (ejemplo: mano-rodilla-mano-rodilla, mano-rodilla-pie-mano-rodilla-pie, etc). |

| ACTIVIDAD Nº 4 | Por parejas, el primero le lanza la pelota a su compañero, éste la golpea con la mano hacia arriba para "colocársela", y la vuelve a golpear con el pie antes de que caiga al suelo. |

| ACTIVIDAD Nº 5 | Con la pelota de tenis, hacerla rodar por el suelo conduciéndola de diferentes maneras (con una mano, un golpe con cada mano, etc.). |

| ACTIVIDAD Nº 6 | Con una pelota de tenis y situados con las piernas abiertas, hacer rodar la pelota entre nuestras piernas en cualquier dirección que se nos ocurra. |

| ACTIVIDAD Nº 7 | Cada alumno con una pelota de tenis, desplazarse por el espacio de trabajo soltando y recogiendo la pelota como indique el profesor (dejar que dé un bote y recogerla, dejar que dé dos botes, etc.). |

| ACTIVIDAD Nº 8 | Igual que el ejercicio anterior, pero esta vez lanzamos la pelota hacia arriba para permitir que de más botes. |

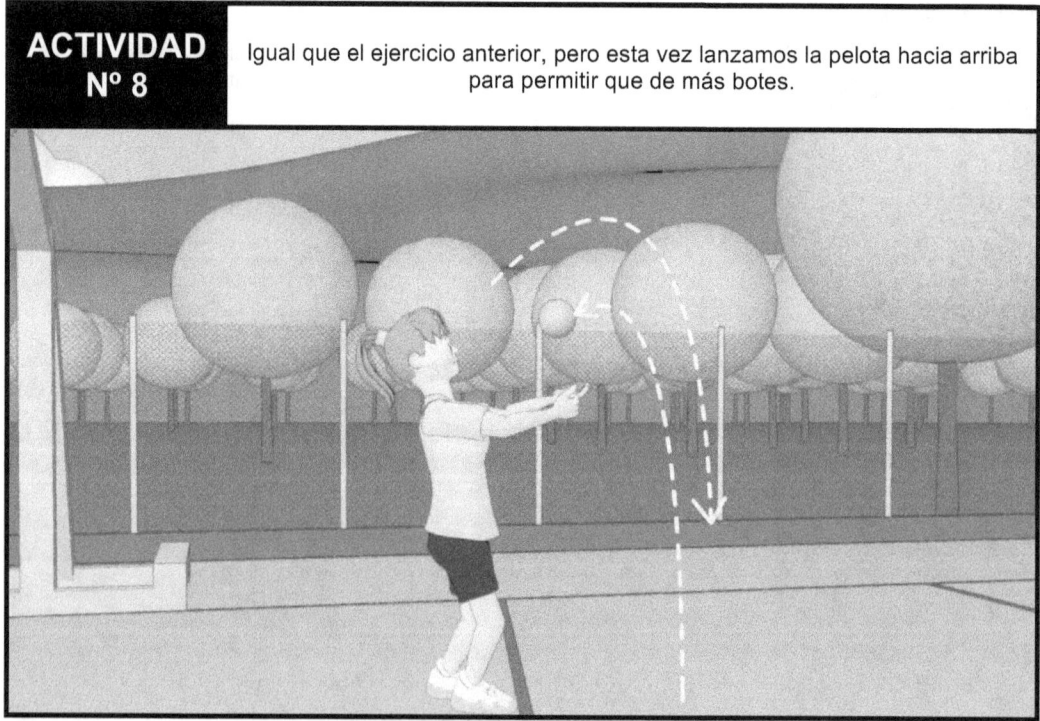

| ACTIVIDAD N° 9 | Con una pelota de tenis lanzarla fuerte contra el suelo y atraparla antes de que suba por encima de nuestra cabeza. |

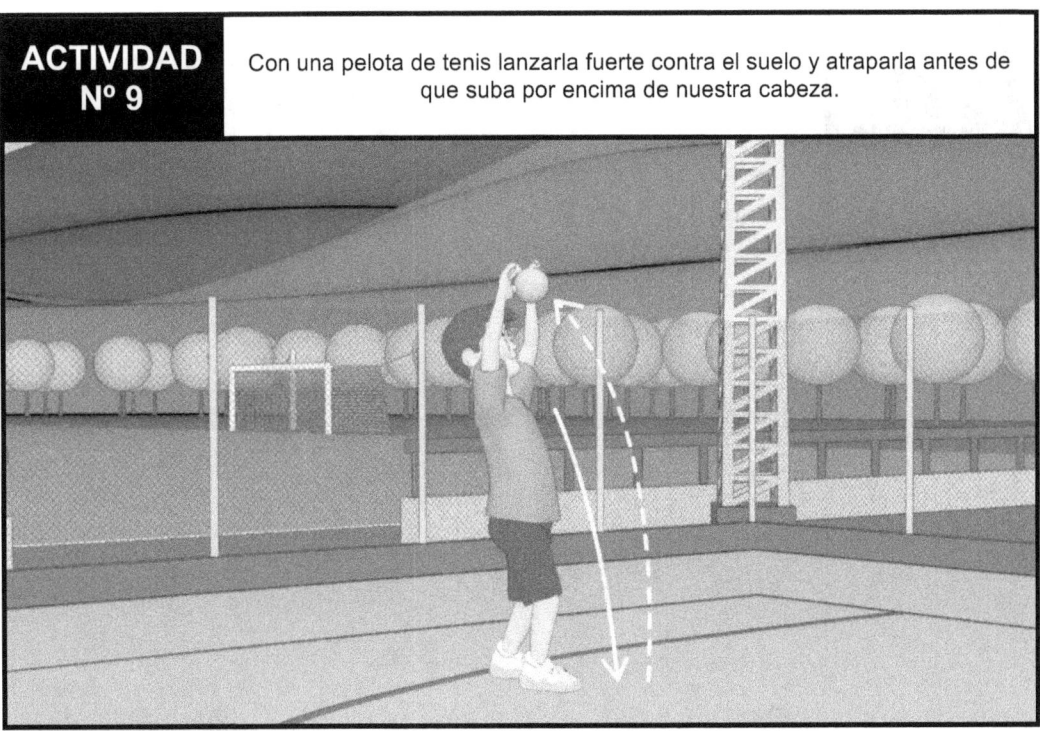

| ACTIVIDAD N° 10 | Cada alumno con una pelota de tenis, lanzarla contra una pared a ras de suelo y recibirla en el rebote. |

ACTIVIDAD Nº 11

Igual que el ejercicio anterior, pero ahora lanzamos la pelota con un bote intermedio y la recogemos cuando nos llegue botando.

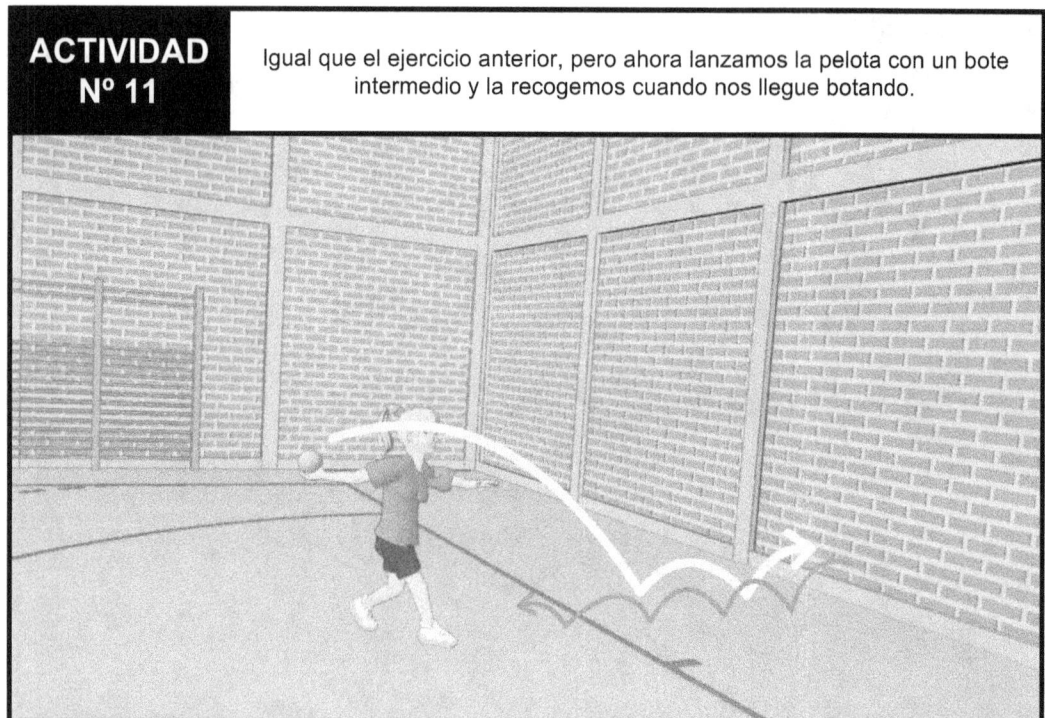

ACTIVIDAD Nº 12

Lanzar una pelota de tenis contra la pared y recogerla con las manos antes de que toque el suelo. A medida que lo vamos consiguiendo se puede ir aumentando la velocidad del lanzamiento.

ACTIVIDAD Nº 13

Igual que el ejercicio anterior, pero ahora nos colocamos por parejas y recibimos el lanzamiento contra la pared que ha realizado nuestro compañero. El que recibe es el que lanza la pelota.
Variante: Se puede dejar libertad para que practiquen lanzamientos variados.

ACTIVIDAD Nº 14

Con un aro situado en el suelo, lanzar una pelota de tenis golpeando donde ha indicado el profesor (delante, dentro, detrás, a un lado, etc.).

ACTIVIDAD Nº 15 — Con un aro situado en el suelo a diferentes distancias, realizar lanzamientos desde las posiciones indicadas por el profesor tratando de hacer diana. Variante: Inventar posiciones de lanzamiento para hacer diana.

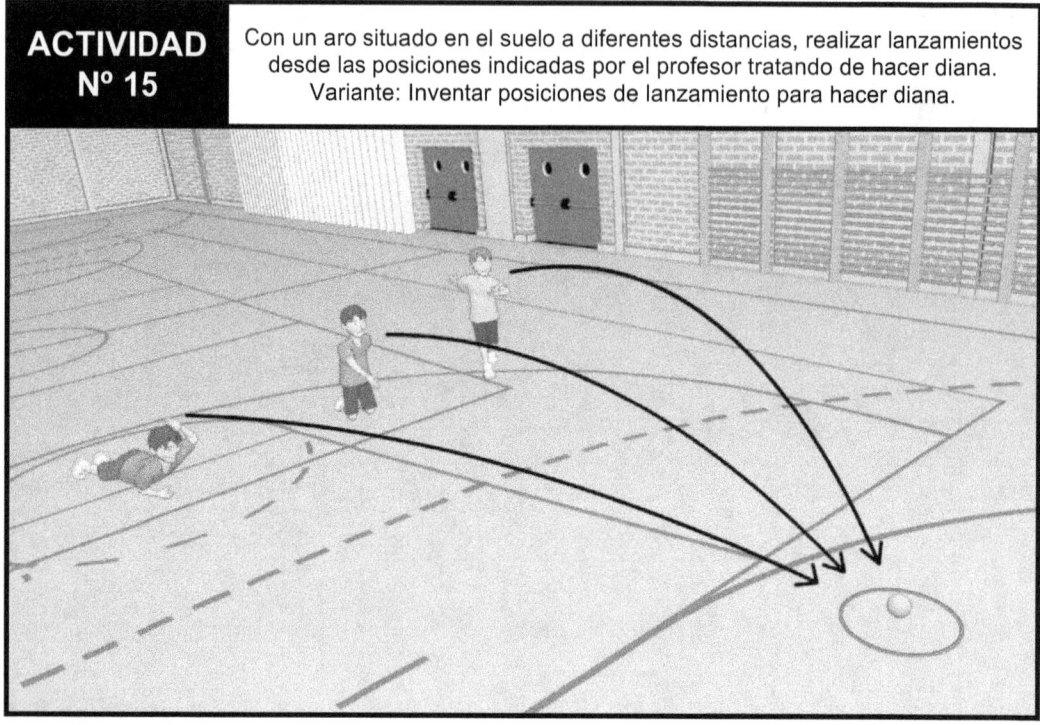

ACTIVIDAD Nº 16 — Tras colocar el aro en una pared (a ras de suelo o a diferentes alturas) lanzar una pelota de tenis tratando de hacer diana.

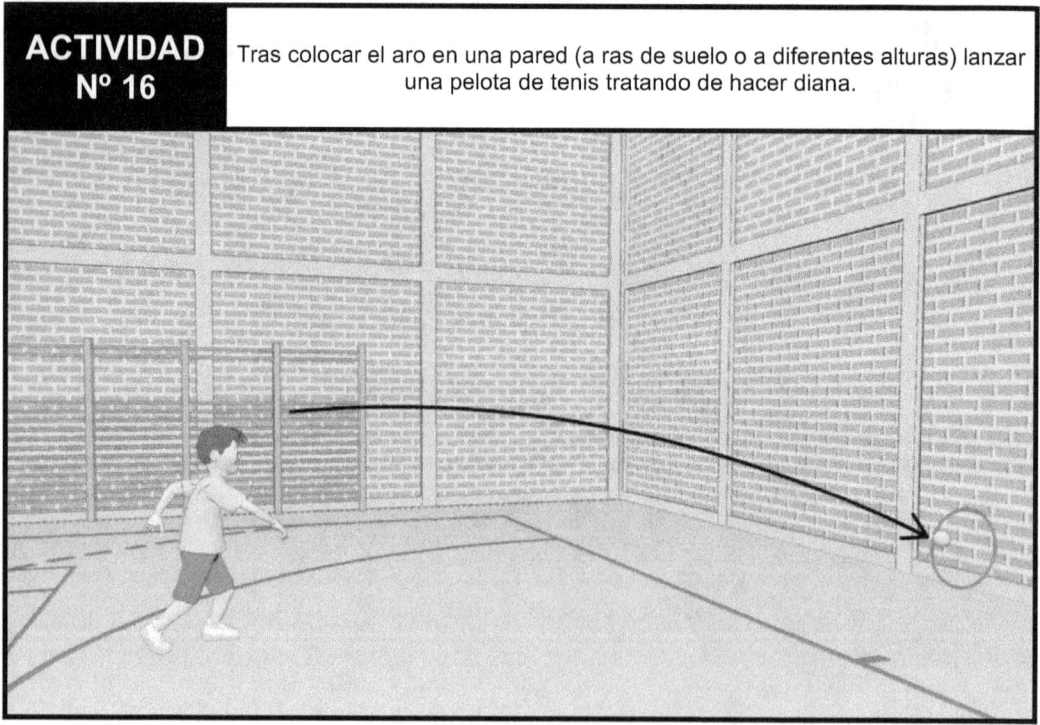

ACTIVIDAD Nº 17

Por parejas o tríos, el primero lanza una pelota de plástico y él resto hace de diana o canasta. El objetivo es lanzar la pelota y que ésta pase por el sitio acordado (entre las piernas de un compañero de pie o sentado, que bote antes de un compañero acostado y lo sobrepase…).

ACTIVIDAD Nº 18

Igual que el ejercicio anterior, pero ahora la pelota debe pasar por los brazos de los compañeros que los han colocado en círculo cerrado como si fuese una canasta.

ACTIVIDAD Nº 19

Igual que el ejercicio anterior, pero ahora la canasta se hace con los brazos hacia arriba como nuestra ilustración.

ACTIVIDAD Nº 20

Por parejas, con un balón de plástico, el primero lanza la pelota al aire y su compañero la recibe antes de que caiga al suelo.

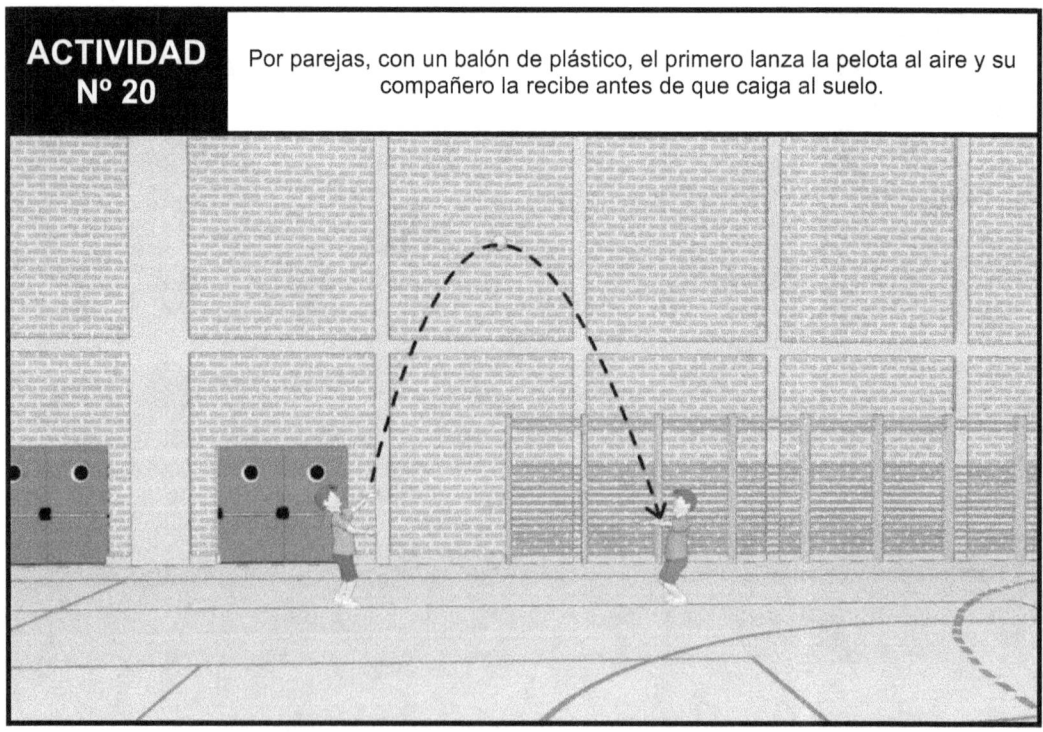

ACTIVIDAD Nº 21

Cada alumno con un balón de plástico, desplazarse por el terreno de juego lanzándolo al aire hacia delante a diferentes distancias y recogerlo antes de que bote.

ACTIVIDAD Nº 22

Igual que el ejercicio anterior, pero ahora lanzamos el balón haciéndolo rodar por el suelo y lo tenemos que atrapar antes de que llegue a una marca establecida previamente.

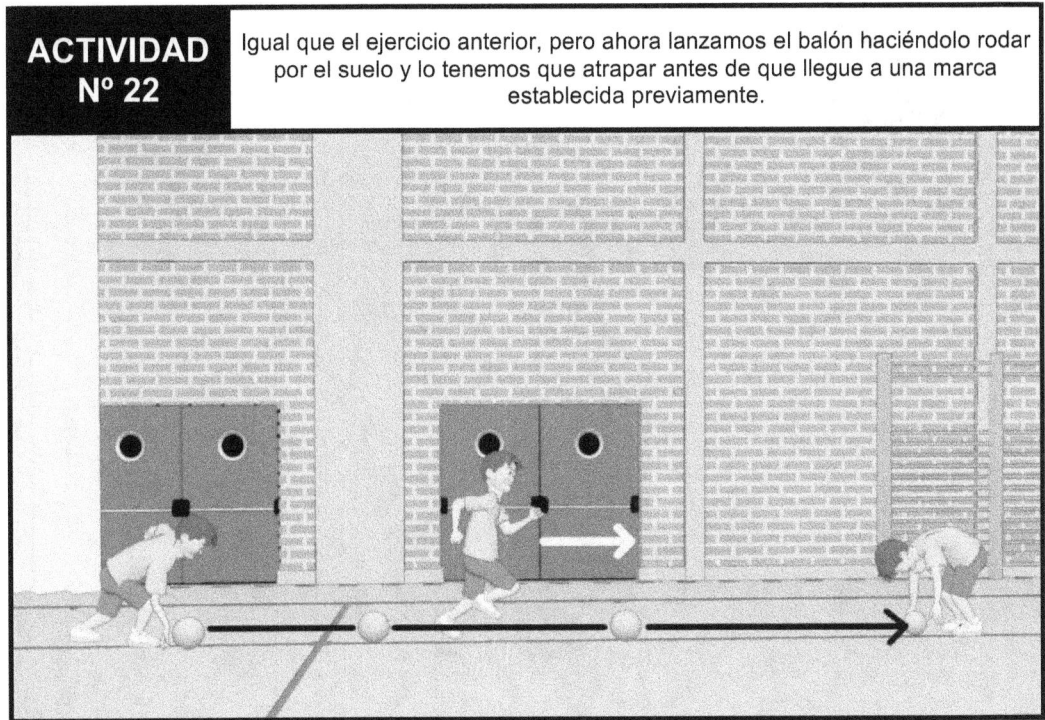

ACTIVIDAD Nº 23

Por parejas, el primero golpea con los pies una pelota de plástico hacia donde está su compañero, y éste trata de evitar que el balón toque la pared utilizando únicamente las piernas.

ACTIVIDAD Nº 24

Individualmente, con un balón de plástico, desplazarse por el espacio de trabajo lanzándolo hacia arriba y dando una vuelta completa antes de recibirlo sin que caiga al suelo.

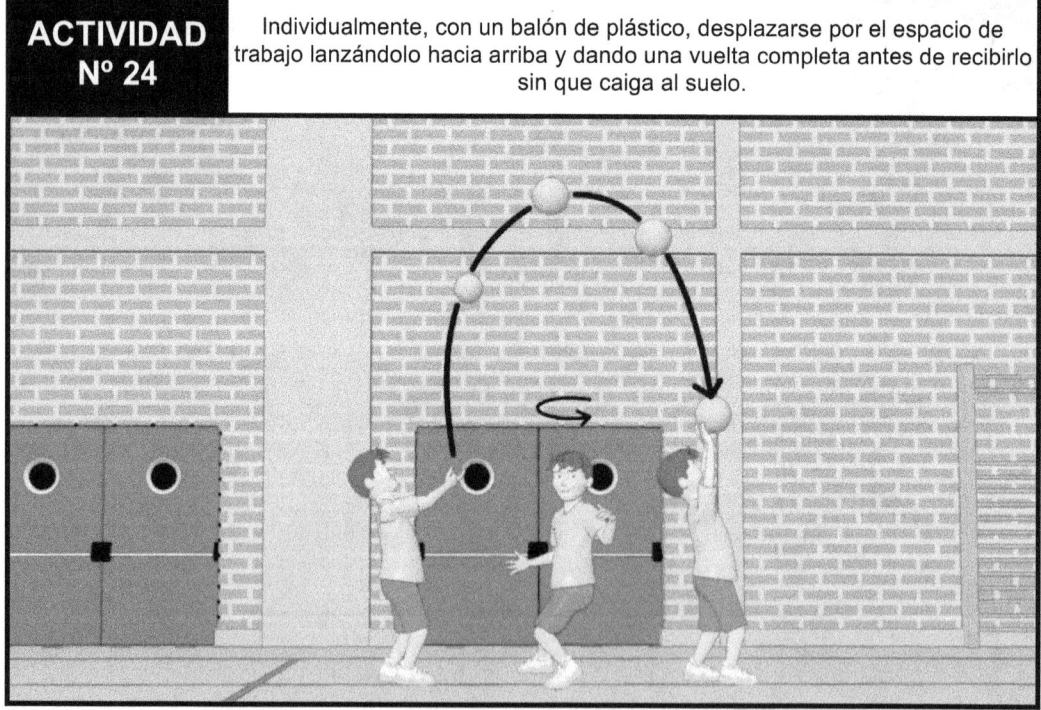

ACTIVIDAD Nº 25

En la misma disposición que el ejercicio anterior, los alumnos lanzan la pelota entre las piernas y se dan la vuelta rápidamente para recogerla antes que dé dos botes.

ACTIVIDAD Nº 26

Por parejas, con un balón de plástico, pasárselo al compañero con lanzamientos entre las piernas (lanzamiento de espaldas al compañero, de frente,…).

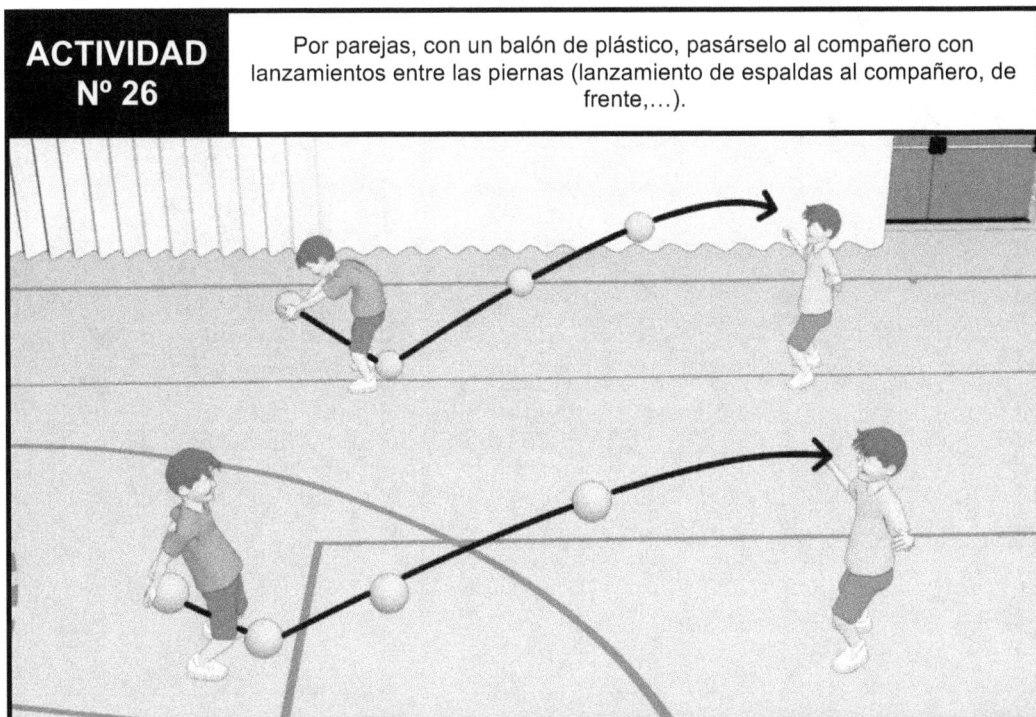

| ACTIVIDAD Nº 27 | Cada alumno con un balón de plástico, lo lanza al aire y lo recibe antes que caiga al suelo realizando la acción indicada por el profesor (sentarse, acostarse, hacer la "croqueta"...) |

| ACTIVIDAD Nº 28 | Igual que el ejercicio anterior, pero ahora la consigna es lanzar el balón al aire, dar una vuelta completa, y cogerla sentados antes que caiga al suelo. |

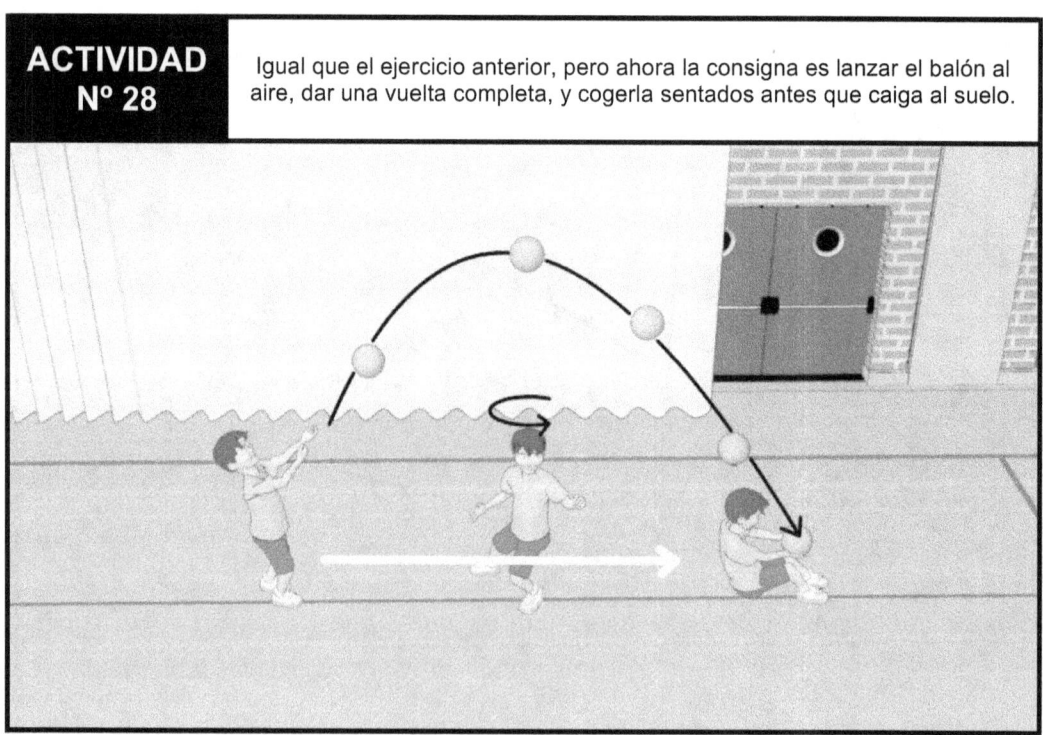

ACTIVIDAD N° 29

Cada alumno con un balón, botarlo lo más fuerte posible contra el suelo con el objetivo de pasar la mano (el mayor número de veces) por debajo de su trayectoria.

ACTIVIDAD N° 30

Igual que el ejercicio anterior, pero ahora pasamos nosotros por debajo del balón cuantas veces podamos.

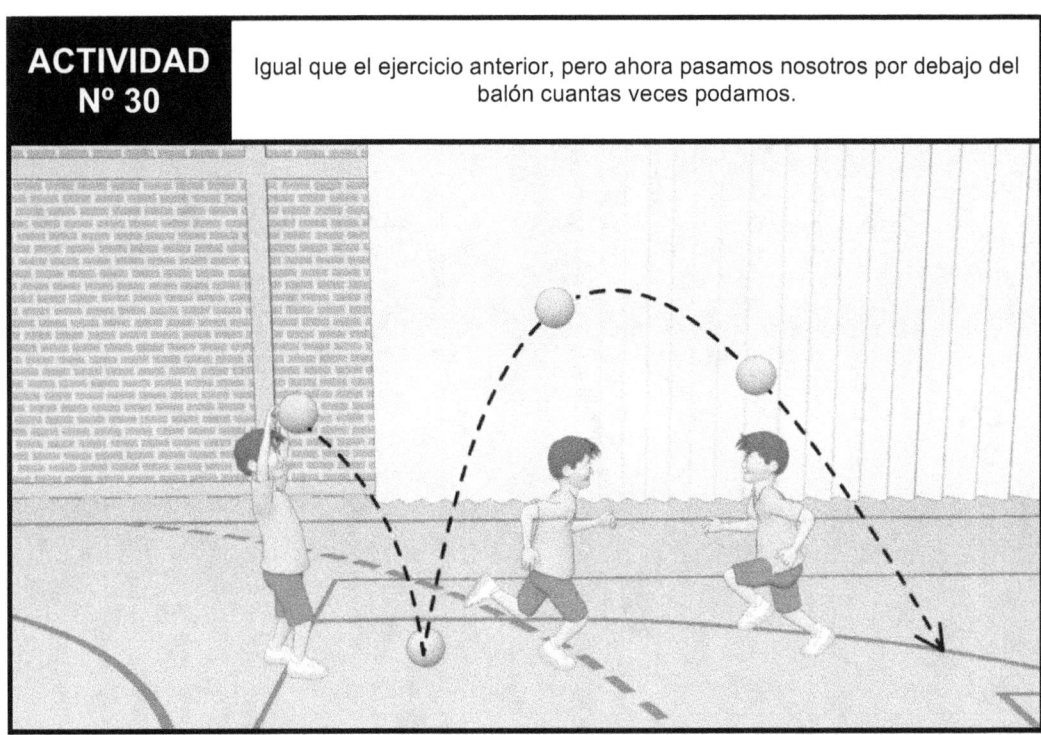

ACTIVIDAD Nº 31

Con una pelota de plástico, lanzarla contra el suelo y evitar que suba por encima de nuestros hombros. Lanzar cada vez más fuerte contra el suelo.

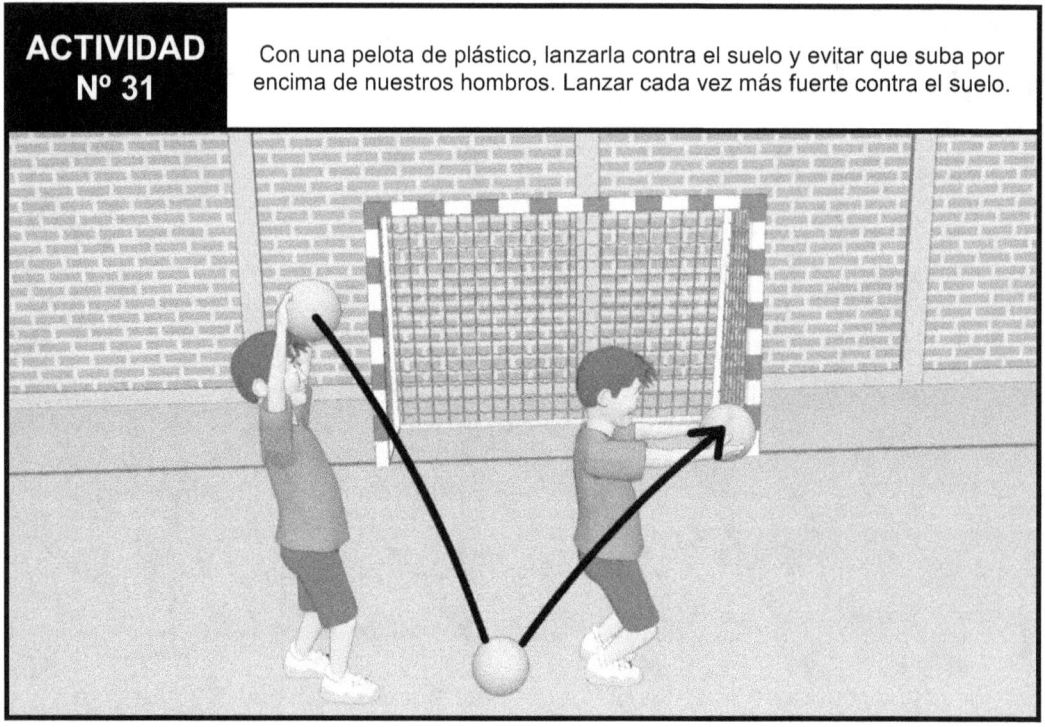

ACTIVIDAD Nº 32

Individualmente, con una pelota de plástico, botarla lo más fuerte posible contra el suelo y recibirla antes que caiga al suelo dando entre medio una vuelta completa.

| ACTIVIDAD N° 33 | Cada alumno con una pelota, desplazarse por el terreno de juego trazando las trayectorias indicadas por el profesor (curvas, rectas…). |

| ACTIVIDAD N° 34 | Individualmente, con un balón, botarlo a nuestro alrededor mientras subimos y bajamos lentamente sin perder la coordinación del movimiento. |

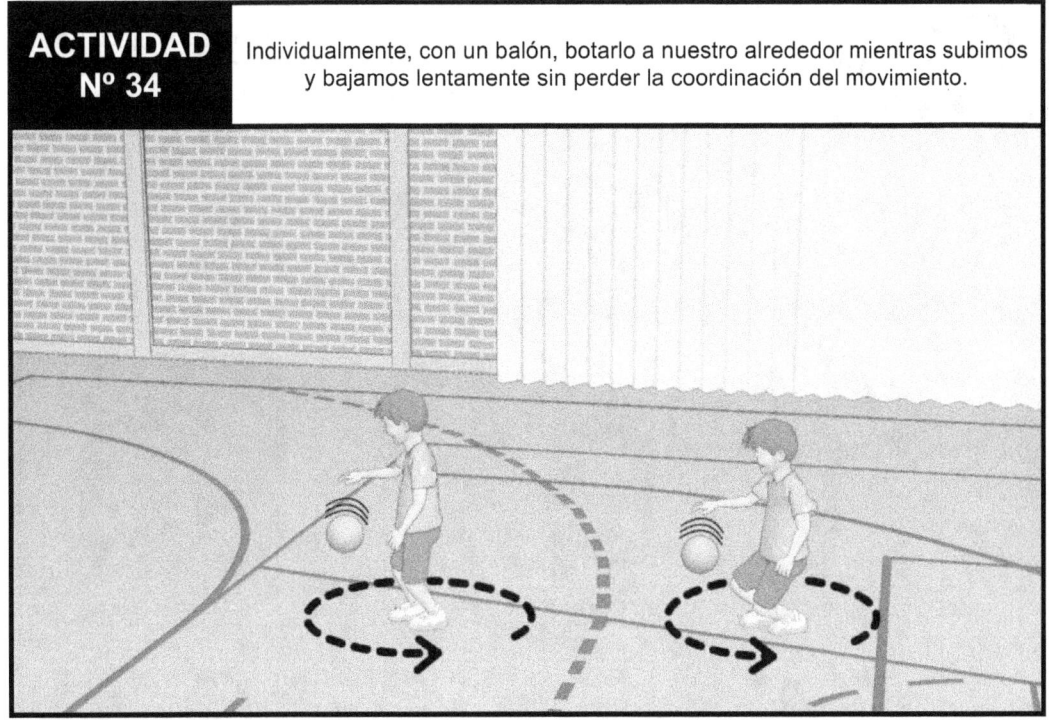

ACTIVIDAD Nº 35: Igual que el ejercicio anterior, pero ahora vamos alejando lo más posible los brazos del cuerpo y después los colocamos lo más próximo que podamos.

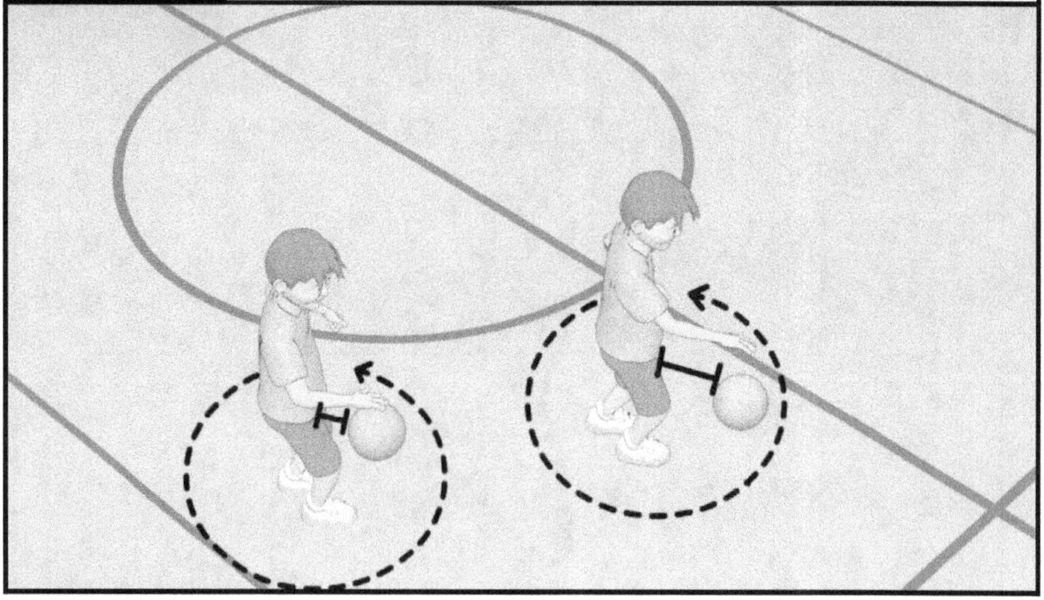

ACTIVIDAD Nº 36: Individualmente, botar una pelota con el brazo completamente estirado y con el cuerpo colocado en diferentes posiciones indicadas por el profesor (de rodillas, de pie, en cuchillas, a pata coja…).

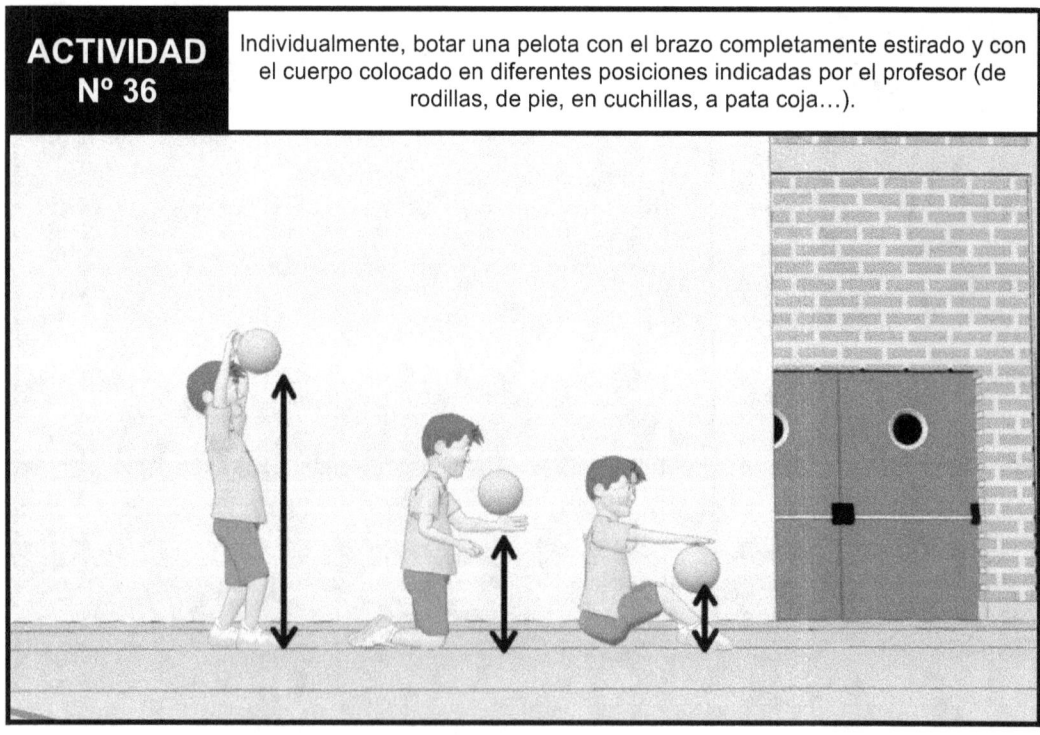

ACTIVIDAD Nº 37

Igual que el ejercicio anterior, pero ahora tratamos de botar el balón mientras estamos acostado.

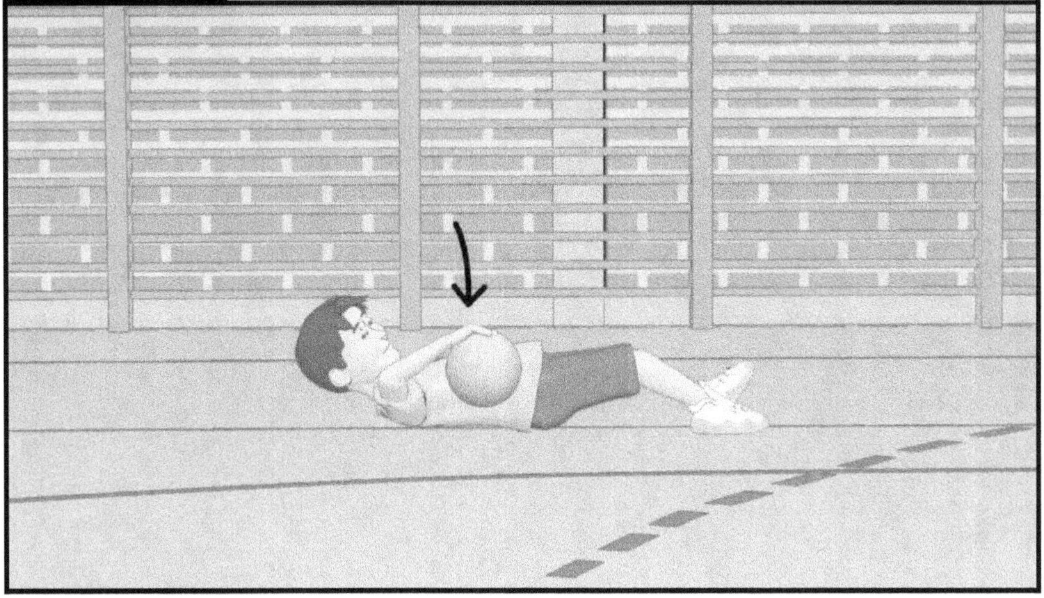

ACTIVIDAD Nº 38

De pie, botando un balón, intentar ir bajando poco a poco hasta sentarnos sin perder el ritmo de bote.

ACTIVIDAD Nº 39 — Individualmente, con un balón y con los ojos cerrados, tratar de botarlo el mayor número de veces. (Variante: una vez dominado este ejercicio intentarán desplazarse con los ojos cerrados botando el balón).

ACTIVIDAD Nº 40 — Individualmente, con un balón y sentados en el suelo con las piernas abiertas, botarlo entre las piernas cerca y lejos del cuerpo, por los lados, etc.

| ACTIVIDAD Nº 41 | Por parejas, con dos balones y situados de rodilla uno frente a otro, pasarle al compañero haciendo rodar los dos balones a la vez (Variante: pasar un balón y después el otro, ampliar la distancia entre compañeros, pasar los balones botando). |

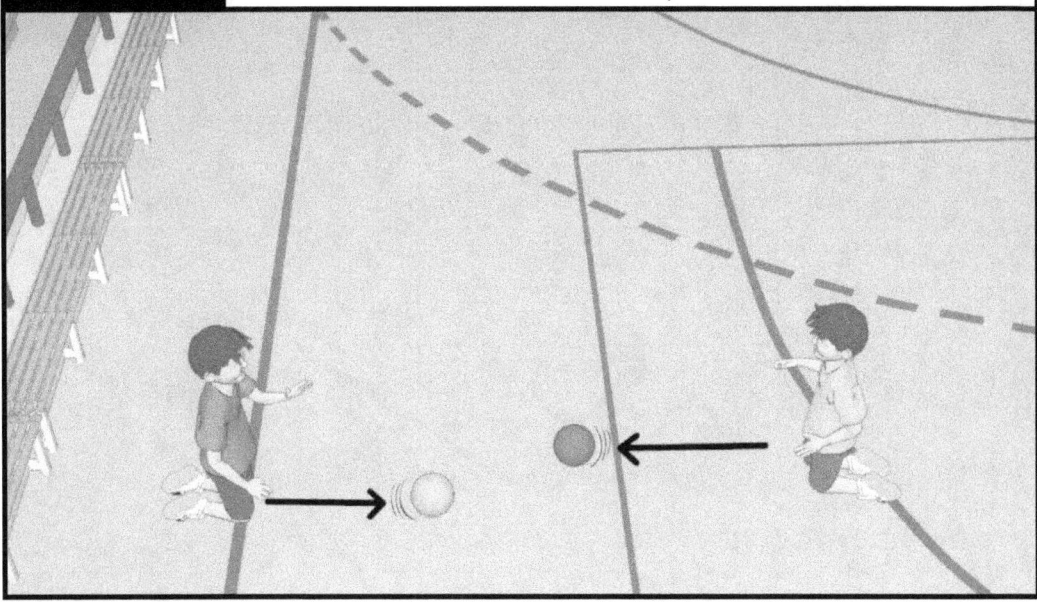

| ACTIVIDAD Nº 42 | Igual que el ejercicio anterior, pero ahora los alumnos están de pie. (Variante: además de las anteriores, lanzar un balón por arriba y el otro siempre por debajo. |

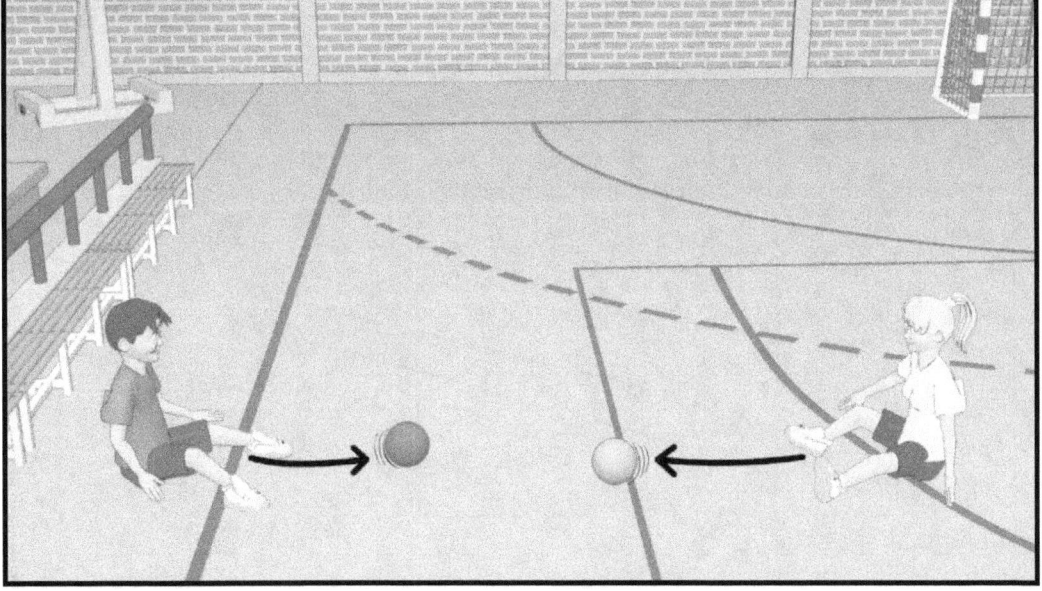

ACTIVIDAD Nº 43

Por parejas, cada alumno con un balón, pasarlo al compañero a la señal establecida por ambos, dando un bote intermedio sin que choquen.

ACTIVIDAD Nº 44

Igual que el ejercicio anterior, pero ahora los pases se ejecutan con los pies. A medida que lo van consiguiendo se pueden alejar.

ACTIVIDAD Nº 45 — Por parejas, con dos balones, pasarlos al compañero a la vez enviando uno con las manos y el otro con los pies

ACTIVIDAD Nº 46 — Por parejas, con un balón, correr por todo el espacio de trabajo mientras nos pasamos una pelota sin que caiga al suelo (Variante: correr hacia atrás, de lado, muy cerca uno de otro, muy lejos…).

| ACTIVIDAD Nº 47 | Por parejas, con un balón, el primero lo lanza rodando con el objetivo de atraparlo antes de que llegue a la señal acordada. El compañero trata de colocarse delante para impedir que consiga su fin. |

| ACTIVIDAD Nº 48 | Por parejas, con un balón, lanzar al compañero para que nos la devuelva golpeándolo de la forma acordada: de cabeza, con un pie, de antebrazos, con los puños, etc. |

ACTIVIDAD Nº 49

En grupos reducidos, hacer como si jugásemos al jockey utilizando nuestras manos en vez de sticks.

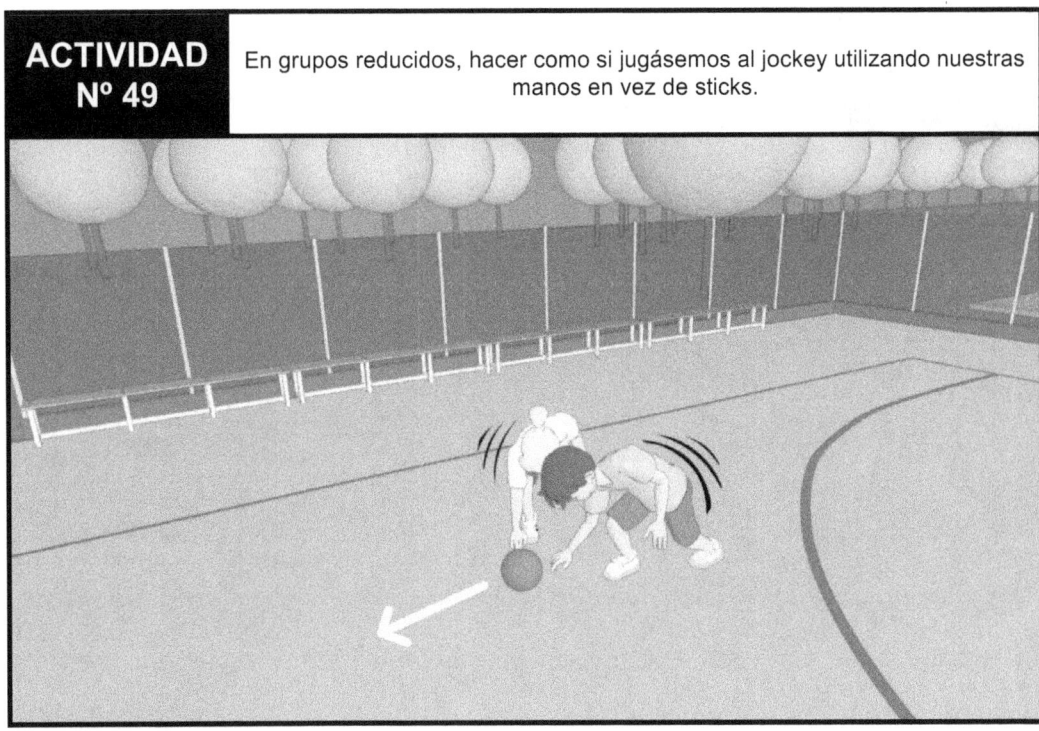

ACTIVIDAD Nº 50

Por parejas, con una pelota de tenis, lanzarla al compañero dando únicamente un bote intermedio. Después ir aumentando la distancia entre ambos.

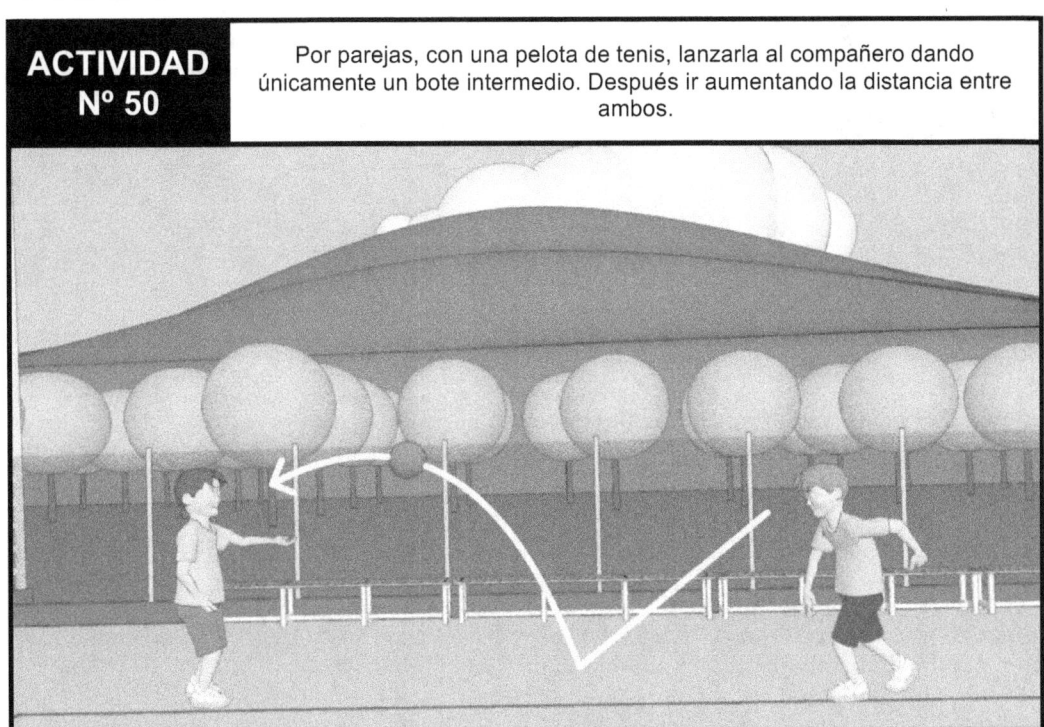

| ACTIVIDAD Nº 51 | Por parejas, el primero colocado en una pared, y el segundo lanza una pelota de tenis con bote tratando de golpear por encima de su compañero para después recibirla sin que toque el suelo. |

| ACTIVIDAD Nº 52 | En filas, cada uno con un balón medicinal (1-3 kilos dependiendo de la edad de los alumnos) ir pasándoselo de compañero a compañero a modo de carrera de relevos. (Variantes: pasarlo hacia los lados, por debajo de las piernas, por encima de la cabeza…). |

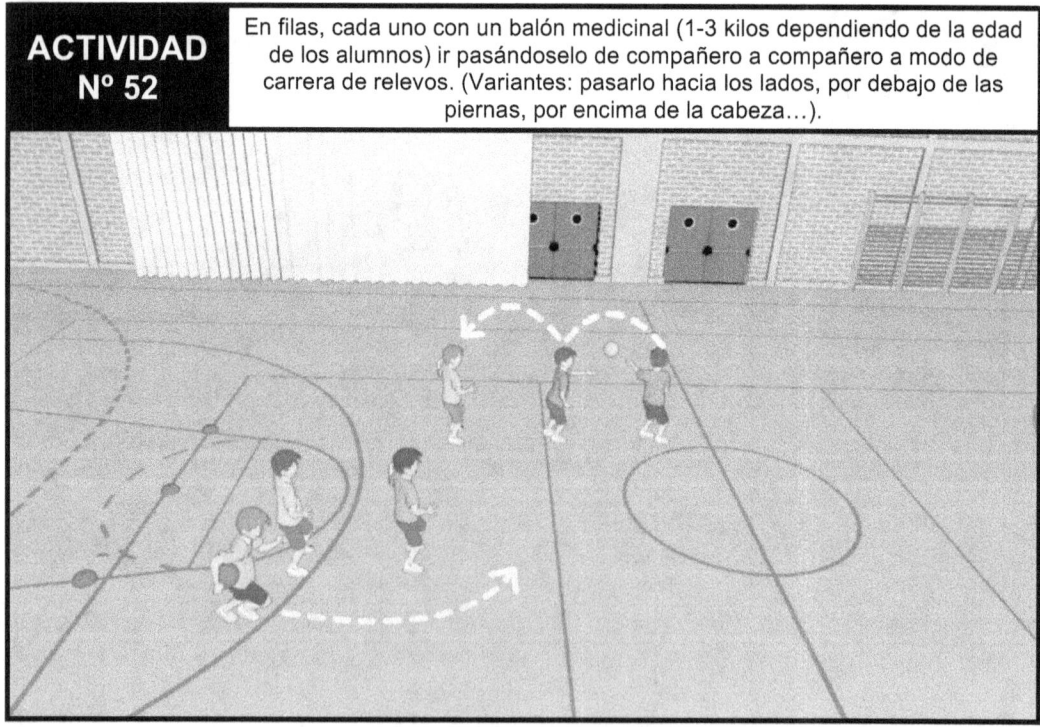

| ACTIVIDAD Nº 53 | Por parejas, pasarse un balón medicinal de diferentes formas: por debajo de las piernas, por un lado, con una mano, saque de banda... |

| ACTIVIDAD Nº 54 | Por parejas, con un balón, correr por el espacio de juego intentando golpear la pelota que lleva nuestro compañero. Contar el número de veces que conseguimos golpear la pelota en un tiempo determinado, o cambiar de rol cada vez que consigamos el objetivo. |

ACTIVIDAD Nº 55

Por parejas, con un balón, uno se coloca cerca de una pared abriendo y cerrando las piernas continuamente. El compañero tiene que lanzar el balón y colarlo entre las piernas.

ACTIVIDAD Nº 56

Por parejas, con un balón, uno se sitúa de espaldas y se vuelve para recoger el balón lanzado por su compañero contra la pared antes que dé dos botes. A medida que lo vamos consiguiendo lo intentamos recoger con un bote o sin bote.

| ACTIVIDAD Nº 57 | Formando dos equipos y estableciendo dos campos iguales con el mismo número de balones a la señal del profesor lanzarlos dentro del campo contrario. El perdedor es el equipo que tenga todos los balones en su campo. |

| ACTIVIDAD Nº 58 | Por parejas, con un balón, desplazarse por el espacio de trabajo pasándoselo a nuestro compañero lo más rápido posible. Podemos dar la consigna de que el balón es como una "patata caliente" o una "bomba a punto de estallar". |

ACTIVIDAD Nº 59 — Por tríos, jugar al gato y al ratón. Dos se pasan una pelota y el de en medio trata de interceptar los pases.

ACTIVIDAD Nº 60 — Igual que el juego anterior, pero ahora los pases se realizan con los pies.

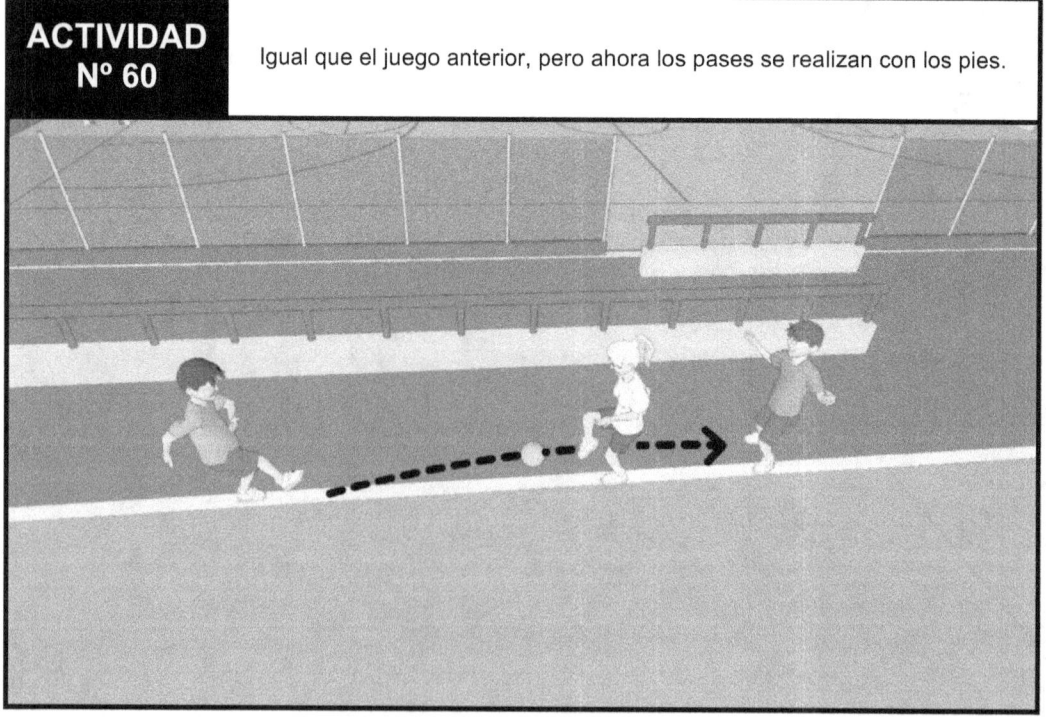

| ACTIVIDAD N° 61 | Por parejas, jugar al gato y al ratón contra otra pareja que se sitúa en medio. |

| ACTIVIDAD N° 62 | Igual que el ejercicio anterior, pero ahora los pases se realizan con los pies. |

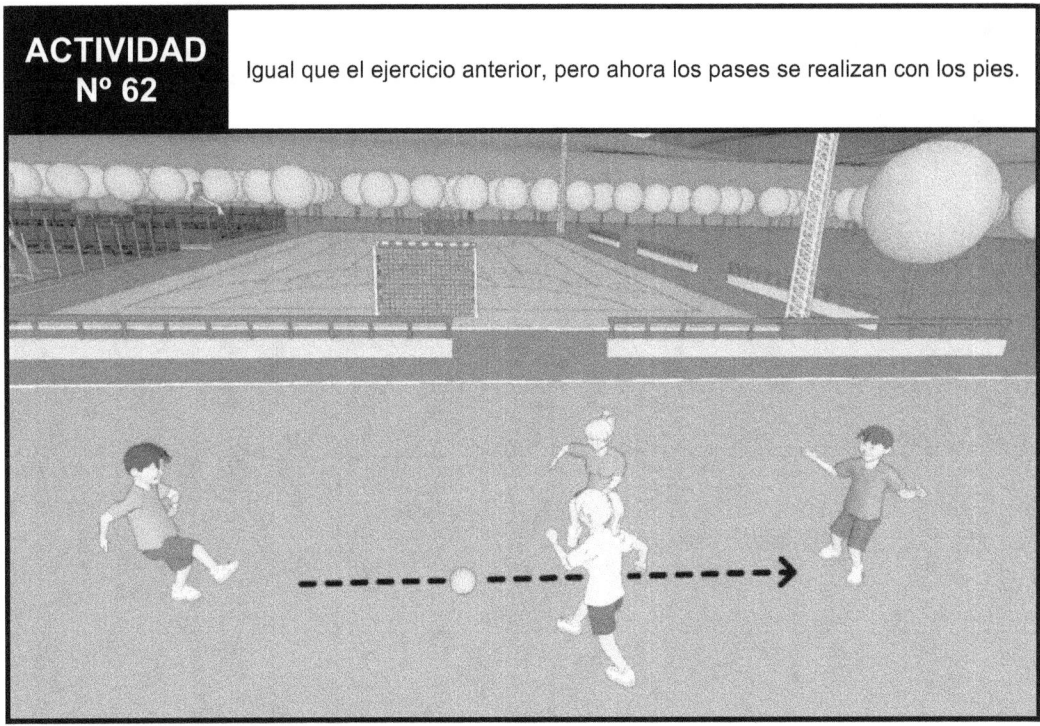

ACTIVIDAD Nº 63

En grupos de cuatro colocados en cuadrado con un balón, pasarlo en cualquier dirección a la mayor velocidad posible.

ACTIVIDAD Nº 64

Igual que el ejercicio anterior, pero ahora el cuadrado se tiene que ir desplazando por el terreno de juego pasándose el balón y manteniendo la formación.

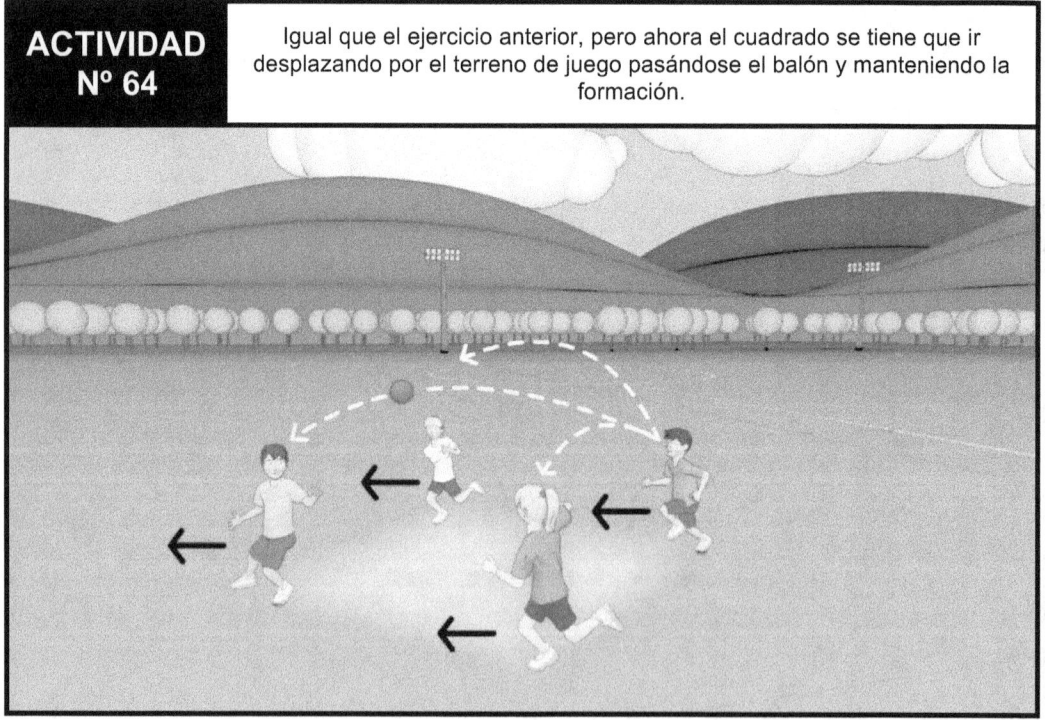

ACTIVIDAD Nº 65

Por parejas, con un balón, el primero lo lanza hacia delante con el pie e intenta atraparlo antes de que llegue a la señal acordada. El compañero se coloca delante para impedir que consiga su fin.

ACTIVIDAD Nº 66

Individualmente o por parejas, botar una pelota con las dos manos y a continuación cogerla para golpearla / pasarla con la rodilla.

ACTIVIDAD Nº 67

Igual que el ejercicio anterior, pero ahora se pasa / golpea con un pie.

ACTIVIDAD Nº 68

Individualmente, con un balón, botarlo mientras nos desplazamos por el espacio de trabajo y golpearlo con el pie cada cierto número de botes.

ACTIVIDAD Nº 69

Individualmente o por parejas, botar una pelota con ambas manos por el terreno de juego y a continuación, sin atraparla, golpearla con el pie hacia una diana (portería, pared...).

ACTIVIDAD Nº 70

Individualmente, con una pelota, realizar una secuencia de golpeos previamente establecida (bote-rodilla-bote-pie-bote-cabeza...).

ACTIVIDAD Nº 71

Por parejas, con un balón, el primero lo pasa al compañero haciéndolo rodar por el suelo con la mano, y éste se lo devuelve golpeándolo con el pie.

ACTIVIDAD Nº 72

Igual que el ejercicio anterior, pero ahora el primero pasa el balón con las manos a su compañero y éste se lo devuelve golpeándolo con la mano.

| ACTIVIDAD N° 73 | Por parejas, con un balón, el primero sentado en el suelo golpea el balón que le pasa un compañero de forma rodada. |

| ACTIVIDAD N° 74 | Utilizando un plinto como portería, un alumno hace de portero y trata de parar los lanzamientos que realizan sus compañeros. |

| ACTIVIDAD Nº 75 | Por parejas, con dos balones, un jugador lanza uno por arriba y el otro lo hace rodando por el suelo. (Variante: Realizar los pases cada vez más rápido, intercambiar roles, etc.). |

| ACTIVIDAD Nº 76 | Igual que el ejercicio anterior, pero ahora el segundo alumno pasa el balón por el suelo con el pie. |

| ACTIVIDAD Nº 77 | Por parejas, dándole la espalda a nuestro compañero, pasarse dos balones por debajo de las piernas.. |

| ACTIVIDAD Nº 78 | Por parejas, uno frente a otro, pasarse dos balones a la vez sin que caigan al suelo. |

ACTIVIDAD Nº 79 — Desplazarse por el espacio de trabajo golpeando todos los balones que nos encontremos en nuestro camino.

ACTIVIDAD Nº 80 — Por parejas, con un balón, el primero lo bota fuerte contra el suelo y un compañero viene corriendo desde una marca para atraparlo antes que toque el suelo. El primer jugador se sitúa en la marca y se repite así el ejercicio intercambiando roles.

| ACTIVIDAD Nº 81 | Individualmente con un balón, desplazarse con bote-velocidad hacia una marca desde la que saltamos y lanzamos el balón contra la pared. A continuación un compañero recoge el balón y vuelve a la fila para comenzar el ejercicio. |

| ACTIVIDAD Nº 82 | Igual que el ejercicio anterior, pero ahora conducimos el balón y lo golpeamos con el pie desde la marca. |

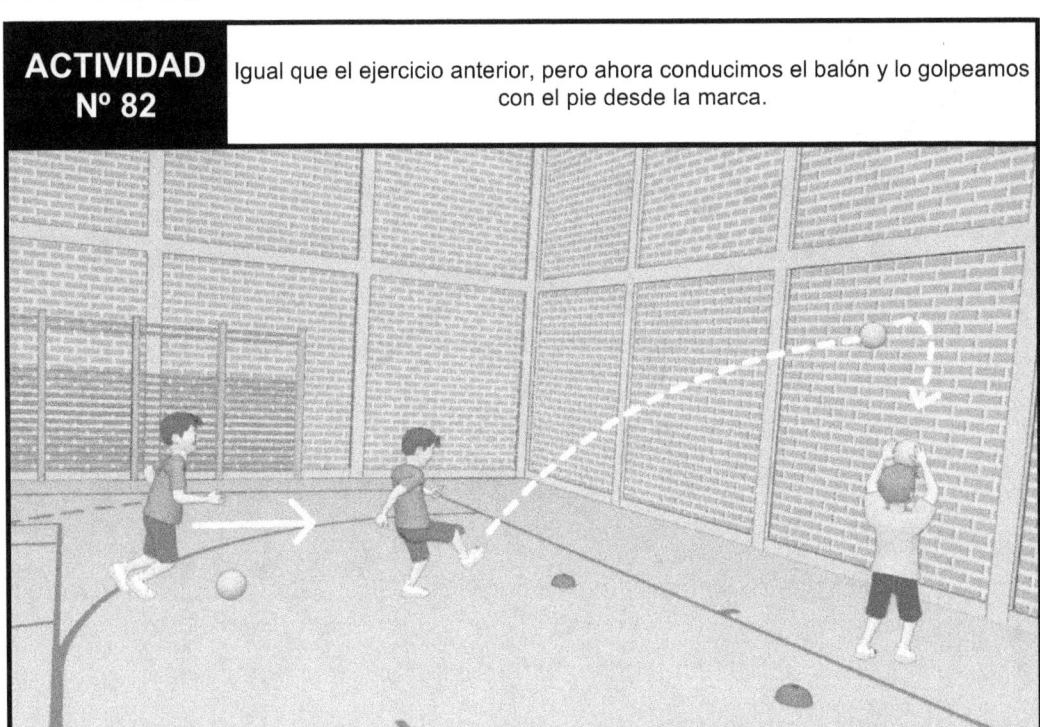

ACTIVIDAD Nº 83

Individualmente, con un aro, lanzarlo al aire cambiándoselo de mano. Ir aumentando poco a poco la altura del lanzamiento.

ACTIVIDAD Nº 84

Individualmente, con un aro, lanzarlo hacia arriba y atraparlo lo más alto posible dando un salto. Podemos indicar a los alumnos que caigan en diferentes posiciones (cuclillas, pata coja....).

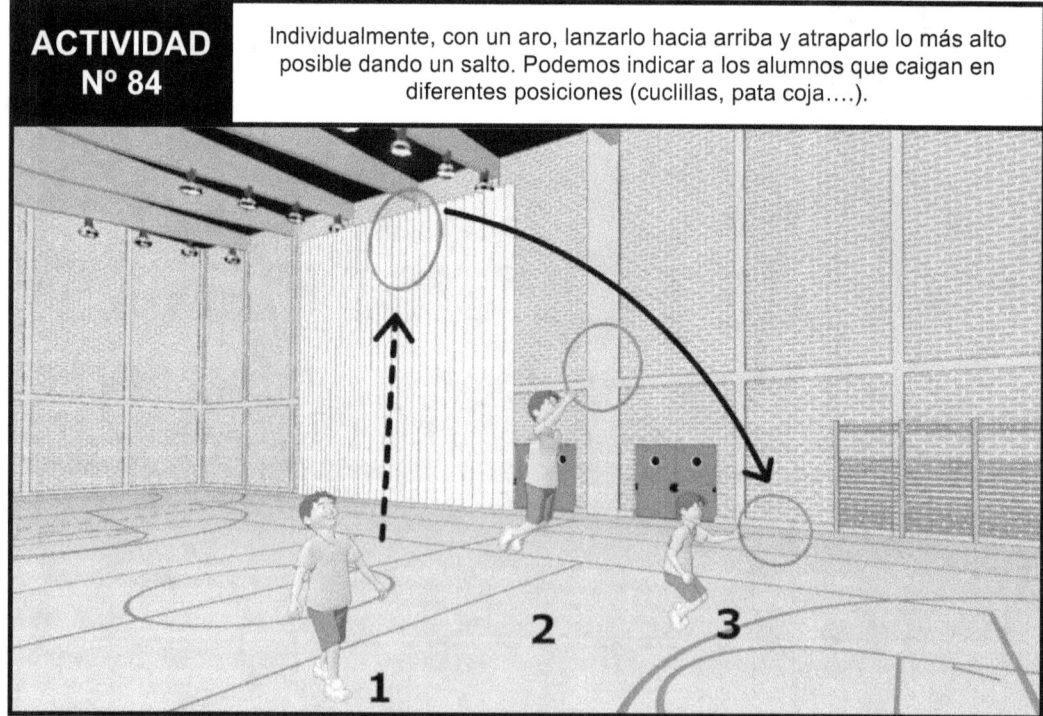

ACTIVIDAD Nº 85

En la misma disposición que los ejercicios anteriores, lanzar el aro hacia arriba paralelo al suelo y, al caer, meternos dentro de él sin tocarlo.

ACTIVIDAD Nº 86

Cada alumno con un aro, realizar lanzamientos desde una marca tratando de engancharlo en una diana (pica apoyada en un cono u oblicua entre espalderas).

ACTIVIDAD Nº 87 — Por parejas, con un aro. Pasárselo sin que caiga al suelo utilizando una y otra mano.

ACTIVIDAD Nº 88 — Igual que el ejercicio anterior, pero ahora nos pasamos dos aros a la vez.

| ACTIVIDAD Nº 89 | Individualmente, con una pala y una pelota pequeña, mantener ésta sobre la pala mientras permanecemos quietos. |

| ACTIVIDAD Nº 90 | Igual que el ejercicio anterior, pero ahora nos desplazamos a diferentes velocidades (andando, corriendo,...) |

ACTIVIDAD Nº 91 — Individualmente, con una pala y una pelota pequeña, parados, golpear la pelota el mayor número de veces sin que caiga al suelo.

ACTIVIDAD Nº 92 — Igual que el ejercicio anterior, pero ahora nos desplazamos por el espacio de trabajo a diferentes velocidades.

ACTIVIDAD Nº 93

En la misma disposición que los ejercicios anteriores pero esta vez frente a una pared, mantener la pelota en el aire con varios golpes y a continuación lanzarla contra la pared dejándola que bote.

ACTIVIDAD Nº 94

Por parejas, con una pelota pequeña y una pala cada uno. El primero da un número de golpes seguidos sin que caiga al suelo y a continuación se la pasa a su compañero. Éste la recibe sin que caiga y repite el mismo número de golpes.

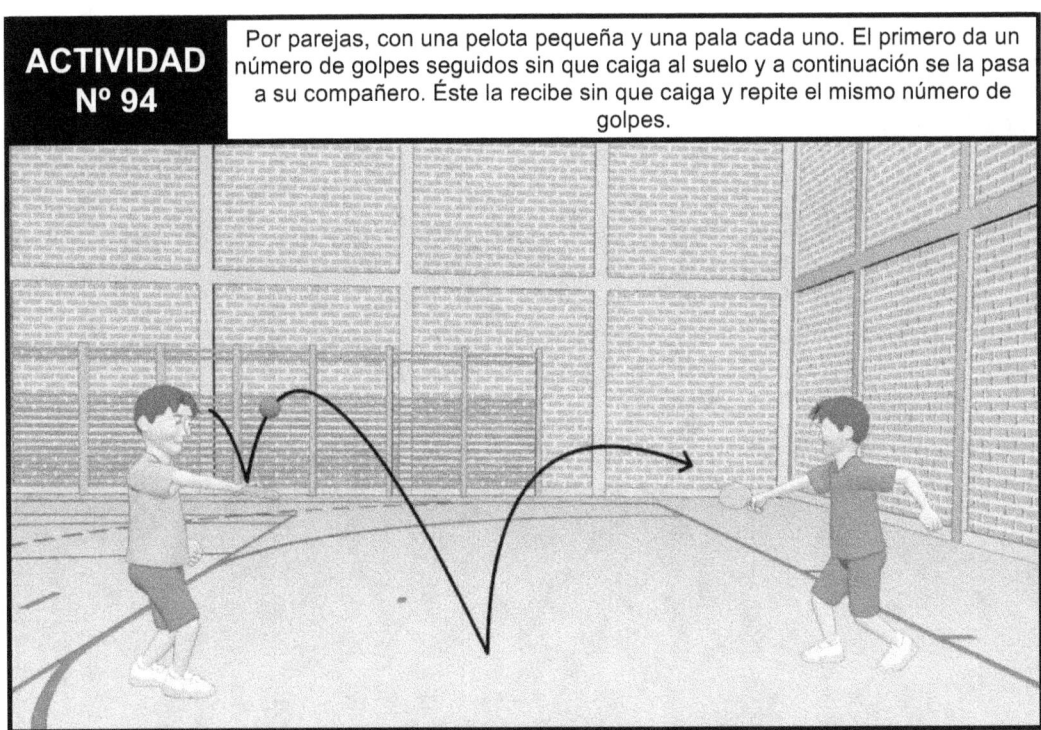

ACTIVIDAD Nº 95 — Por parejas, cada uno con una pala, pasarse una pelota de formas variadas: sin que caiga al suelo, con bote intermedio, de revés…

ACTIVIDAD Nº 96 — Con un disco volador, por parejas, pasárselo sin que caiga al suelo.

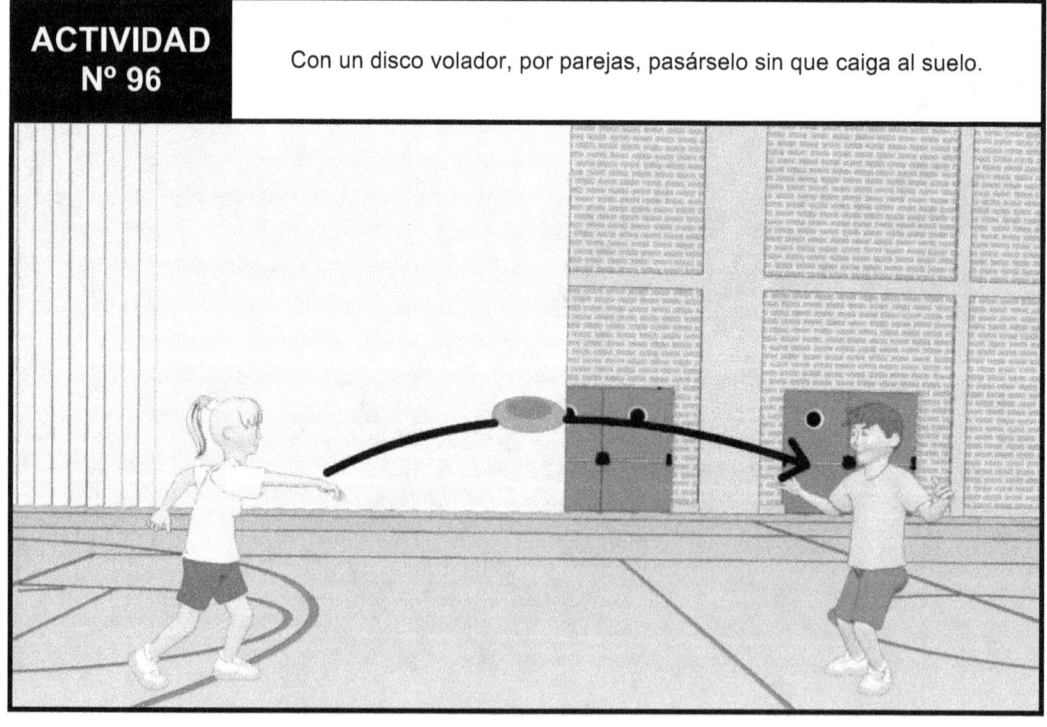

ACTIVIDAD Nº 97

Igual que el ejercicio anterior, pero ahora atrapamos el frisbee en el aire lo más alto posible.

ACTIVIDAD Nº 98

Igual que los ejercicios anteriores pero ahora practicamos diferentes tipos de lanzamiento: por debajo de una pierna, por la espalda…

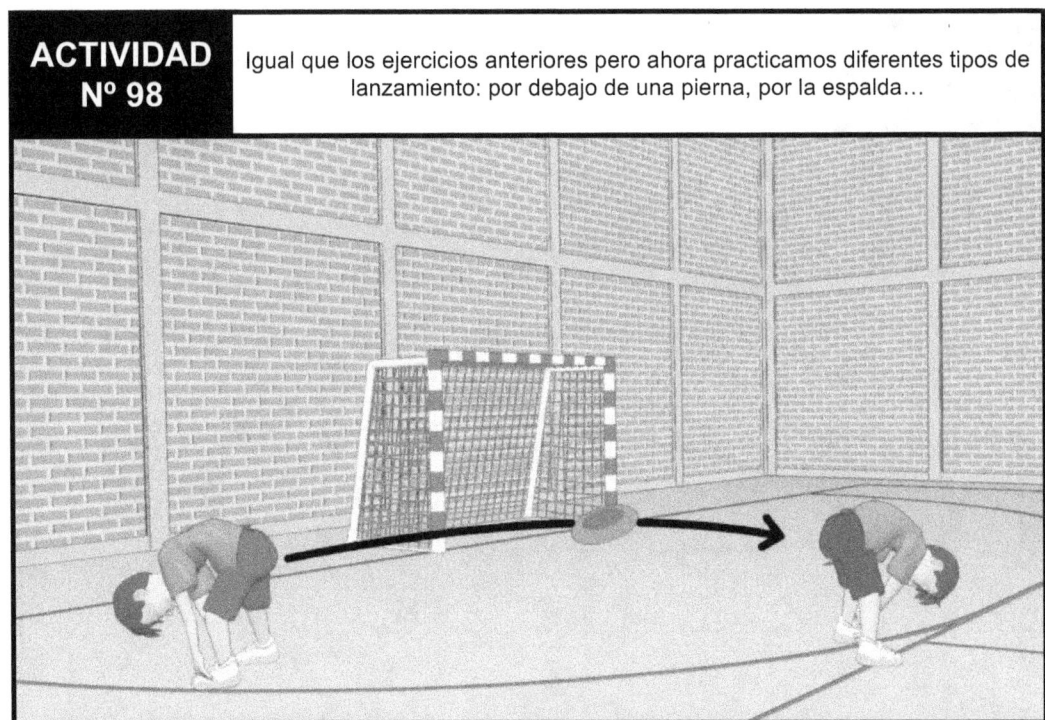

ACTIVIDAD Nº 99

¿Quién consigue lanzar el frisbee arrodillado y por su espalda?

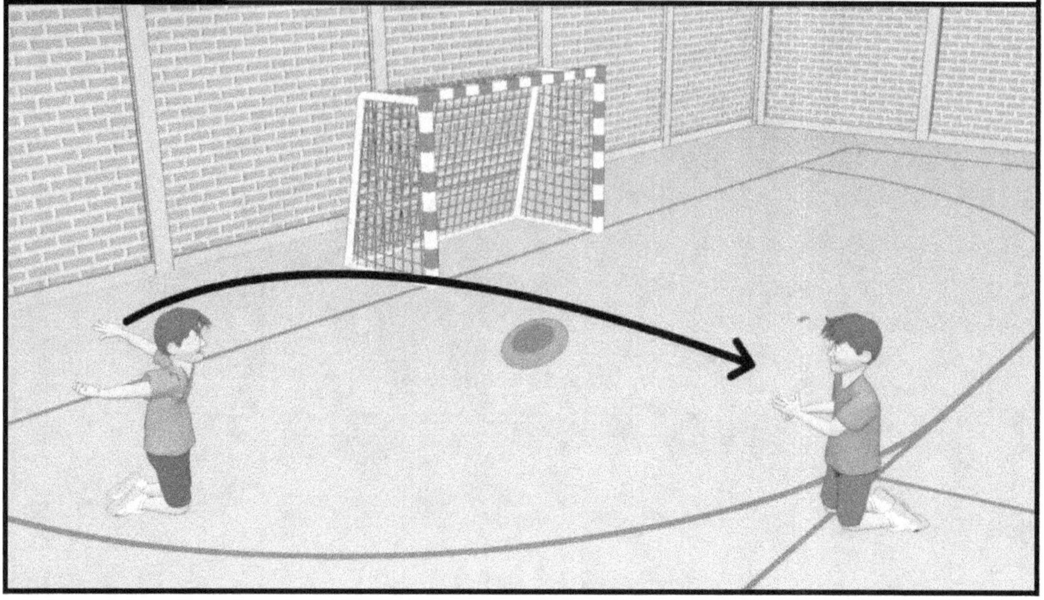

ACTIVIDAD Nº 100

Pasarse un frisbee por parejas mientras nos desplazamos en cuadrupedia por el espacio de trabajo.

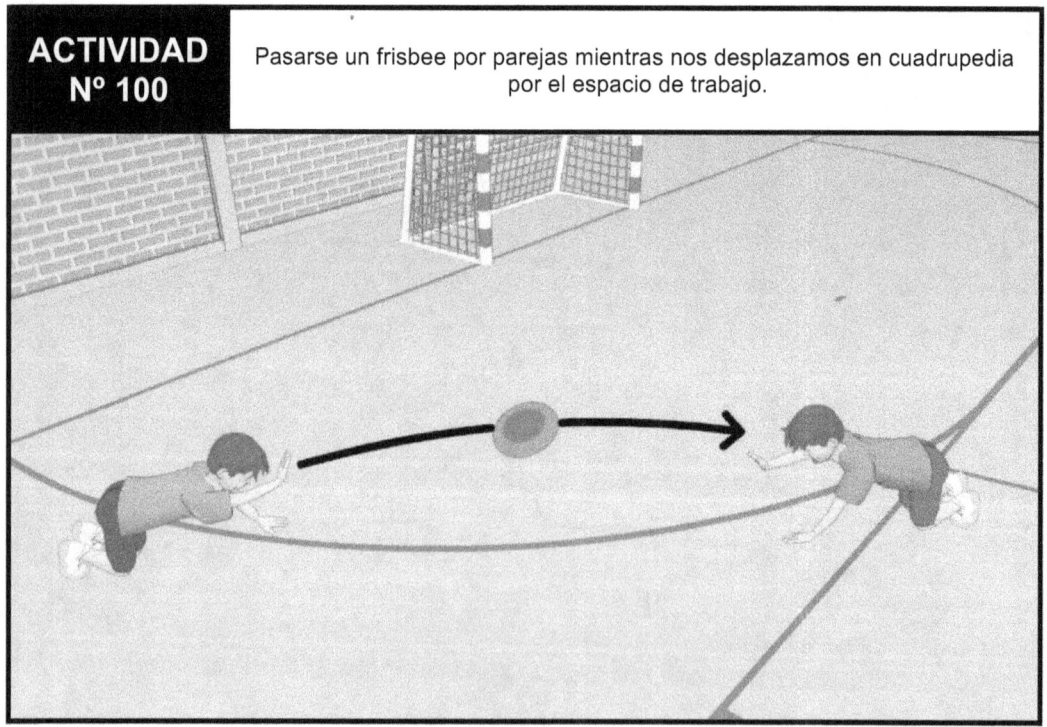

100 Ejercicios y Juegos de Imagen y Percepción Corporal para niños de 8 a 10 años

Introducción

La percepción del propio cuerpo así como la percepción del entorno que nos rodea resulta esencial para poder alcanzar el éxito en nuestras respuestas motóricas. Estos dos aspectos forman parte de lo que denominamos capacidades perceptivo-motrices, es decir, la capacidad de coordinar la información proveniente de los sentidos con el propio movimiento.

Responder a un estímulo supone mucho más que la propia ejecución de un movimiento, depende además de múltiples factores como son el momento de desarrollo de la propia imagen corporal del alumno y la percepción que este haga de su propio cuerpo, la percepción espacial, la percepción temporal, y la percepción espacio-temporal.

En este título les ofrecemos un variado repertorio de juegos para trabajar específicamente la imagen y la percepción corporal con sus alumnos de 8 a 10 años de edad.

Concepto

La percepción que tienen nuestros alumnos de su propio cuerpo comienza a estructurarse en los primeros años de vida, quedando prácticamente definida entre los 8 - 12 años, siempre que se haya estimulado de forma correcta su desarrollo. Esta imagen que se debe hacer sobre sí mismo, también llamada esquema corporal, debe facilitarle el conocimiento automático de su estado postural, ya sea de forma estática o dinámica, así como la relación que pueda establecerse entre sus segmentos corporales o entre estos y el entorno en el que actúa. De este modo, las tres áreas sobre las que actúa directamente la percepción corporal serían:

- Conocimiento del propio cuerpo: en cuanto a estructuración física en la que se comienza aprendiendo cuáles son las partes más grandes del cuerpo y más tarde se disocian los segmentos (respondería a ¿qué segmentos es...?).
- Funcionamiento de las partes del cuerpo: como medio para posibilitar nuevas experiencias de interactuar con el entorno, comprendiendo los límites personales y la utilidad de cada una de las partes en la actividad que se desarrollo. Del mismo modo se vería en esta área la relación existente entre los diferentes segmentos corporales y el resultado que

produce dicha interactividad (respondería a ¿para qué sirve el segmento...?).
- Experiencia del propio cuerpo cuando se relaciona con el medio: con el objetivo de ampliar el número de respuestas aprendidas ante estímulos parecidos (respondería a ¿si quiero golpear en un partido de fútbol utilizaría el segmento...?).

Veamos ahora otros conceptos que están íntimamente relacionados entre sí y con el conocimiento del propio cuerpo, la percepción espacial y la percepción temporal.

Cuando hablamos de percepción espacial, hacemos referencia a la capacidad del alumno para diferenciarse como entidad propia del mundo que le rodea (de otros objetos, de otros individuos...), lo que le lleva, además, a establecer una relación de distancia (proximidad – lejanía) entre él y otro sujeto u objeto, o entre sujetos y objetos entre sí.

La percepción temporal está muy ligada al concepto anterior, ya que, el alumno, lo que tiene en cuenta es una secuencia de percepciones espaciales y el tiempo que transcurre entre cada una de ellas.

Finalmente haremos referencia a un concepto que incluye a los tres que hemos visto con anterioridad, la percepción espacio temporal. En esta, el alumno hace uso de su imagen corporal para interactuar con el medio, teniendo en cuenta el espacio y el tiempo (y los posibles elementos que aparecen) para resolver la tarea que le ocupa.

Otros factores influyentes

Además del propio conocimiento del cuerpo y de las percepciones espacio temporales, existen otros elementos que se deben trabajar desde una globalidad, sobre todo en edades tan tempranas como la que nos ocupa. Estos son:

- Lateralidad: una de las peculiaridades del ser humano es que está "construido" mediante pares de elementos situados en el cuerpo de manera simétrica (dos brazos, dos piernas, dos ojos...), aunque siempre se utiliza una de las partes con mayor eficacia que la otra. A esta preferencia por el lado del cuerpo utilizado para ejecutar una tarea es a lo que llamamos lateralidad, y es la responsable de que golpeemos mejor con una pierna que con otra, utilicemos una raqueta con una u otra mano, saltemos con el apoyo de un determinado pie... La lateralidad depende en gran medida de la predominancia de uno de los hemisferios cerebrales sobre el otro (el izquierdo en los diestros, y el derecho en los zurdos). A modo anecdótico diremos que hay tres tipos de lateralidad: homogénea o integral (cuando un lado del cuerpo predomina absolutamente sobre el otro), heterogénea o no integral (cuando la predominancia no es total: cruzada, invertida...), y ambidiestro (no predomina ningún lado, utiliza con igual eficacia ambos lados, o utiliza un lado para unas tareas y el otro para otras diferentes).

- Tono postural: hace referencia a la cantidad de tensión o contracción muscular que posibilita las diferentes actividades corporales. Por regla general se trata de un estado permanentemente activo e inconsciente, por lo que su buen funcionamiento incidirá en el ahorro energético.
- Respiración: la toma de conciencia y el control de la respiración ayudan en el conocimiento del propio cuerpo (así como a la hora de aportar oxígeno y eliminar dióxido de carbono en la actividad física).
- Relajación: en cuanto que permite al alumno diferenciar los grados de tensión e incluso la ausencia de esta.

Consideraciones para la enseñanza

Resulta complicado plantear un trabajo específico para cada uno de los contenidos que hemos visto de forma resumida en las páginas anteriores, ya que existe una relación muy estrecha entre ellos. Aún así podemos hallar una correspondencia entre los tres grandes rasgos que darían como resultado diferentes tipos de tareas:

- **TEMPORALIDAD + ESPACIALIDAD:** trabajo de organización espacio-temporal.
- **TEMPORALIDAD + CORPORALIDAD:** trabajo de ritmo.
- **CORPORALIDAD + ESPACIALIDAD:** trabajo de lateralidad.

Atendiendo a la edad de los alumnos, el docente también debe tener en cuenta en su planificación las siguientes características:

- Las tareas de aprendizaje estarán basadas en la globalidad y en el juego, de modo que sea el alumno el protagonista de su aprendizaje y no el de uno forzado.
- Entre los 8 - 12 años el alumno ya posee una imagen definitiva de su esquema corporal, es decir, ya conoce las partes de su cuerpo y las considera como un agente más de los que puede incidir en el entorno.
- A partir de los 8 años el alumno ya tiene conciencia de los conceptos izquierda y derecha, por lo que el trabajo puede enfocarse más hacia la posición de él mismo respecto a objetos u otras personas en vez de hacia sus segmentos corporales.
- Los 8 - 12 años es un momento idóneo para comenzar el trabajo de ritmo de forma progresiva (palmadas, movimiento del cuerpo, coreografías…).

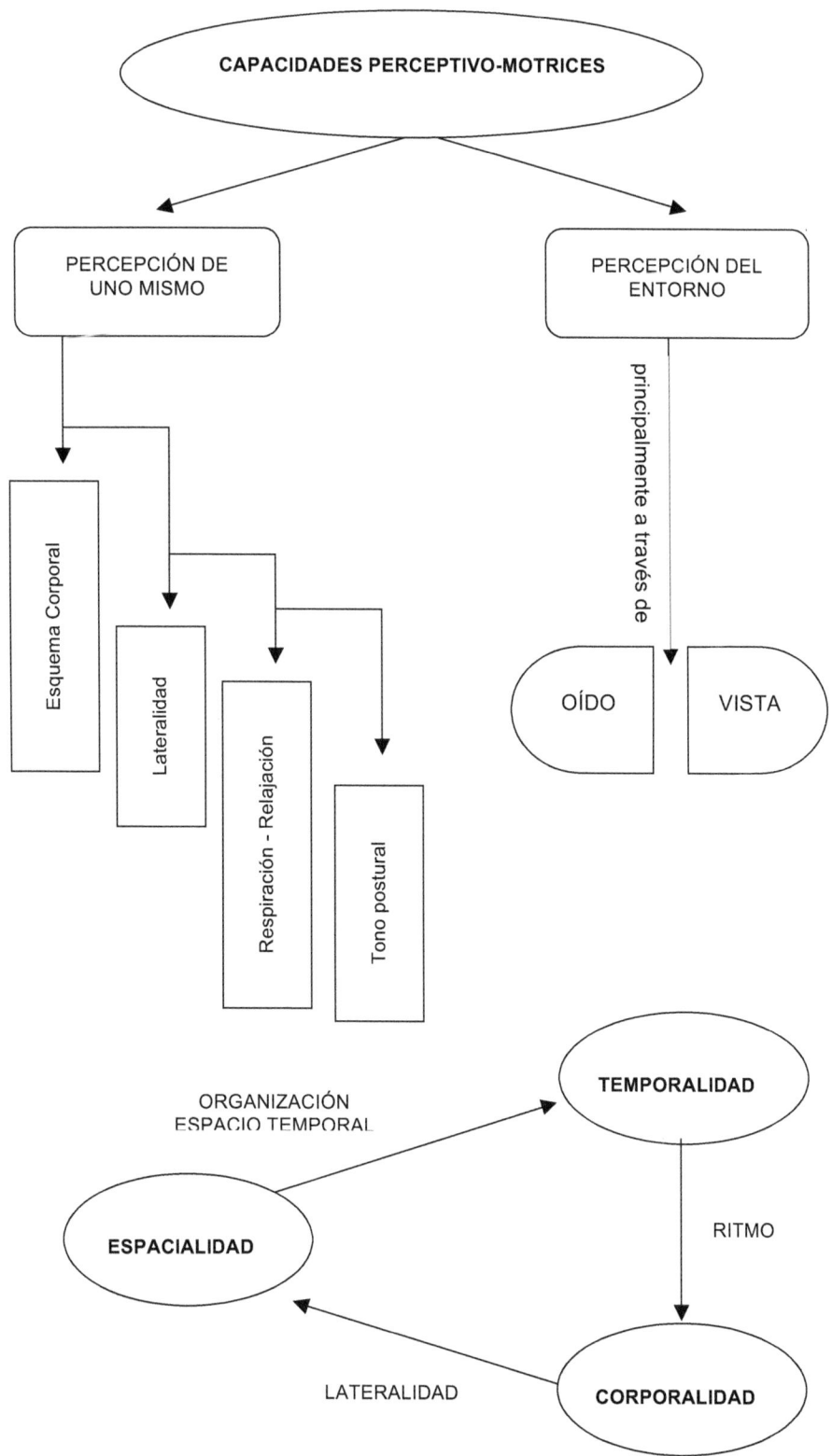

ACTIVIDAD Nº 1

Utilizando un globo inflado o un trozo de bolsa de plástico, soplarle y mantenerlo en el aire.

ACTIVIDAD Nº 2

Soplar contra un objeto lo más fuerte posible para desplazarlo con rapidez.

| ACTIVIDAD Nº 3 | Respirar de forma rítmica mientras nos desplazamos por el espacio (2-3 pasos→ inspirar, 2-3 pasos→espirar). |

| ACTIVIDAD Nº 4 | Acostados en el suelo de una forma relajada, realizar movimientos con los brazos a diferentes velocidades y en direcciones variadas: subirlos y bajarlos lentamente, hacia los lados… |

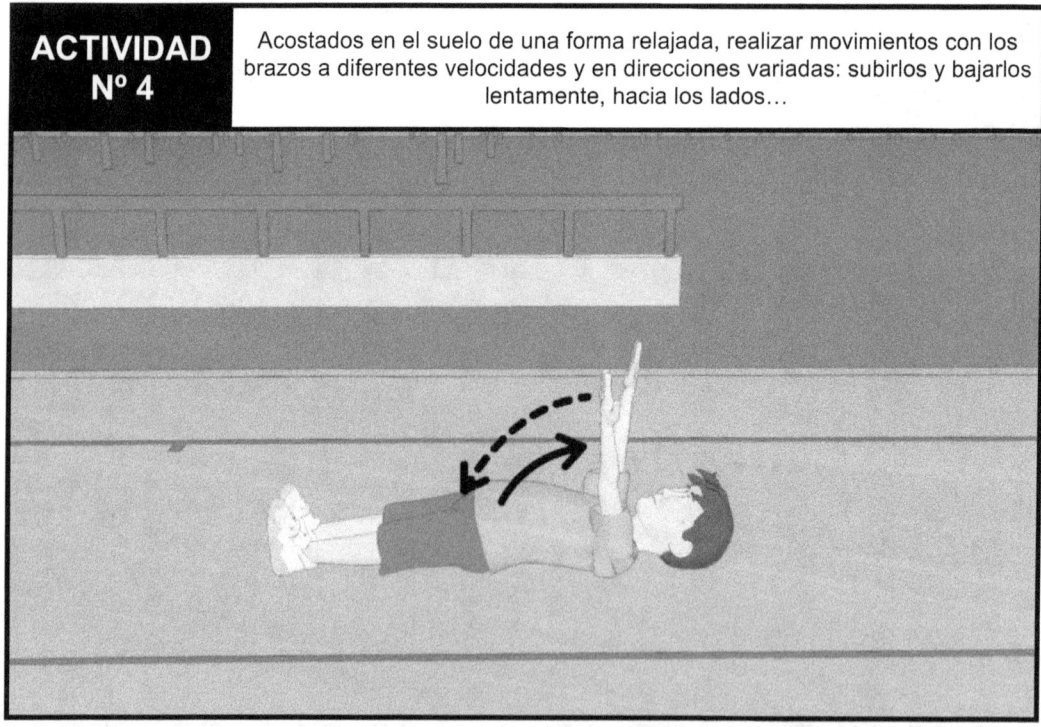

ACTIVIDAD Nº 5

Acostados en el suelo, seguir las instrucciones del profesor ocupando el menor espacio posible (encogerse) o el mayor espacio posible (estirarse).

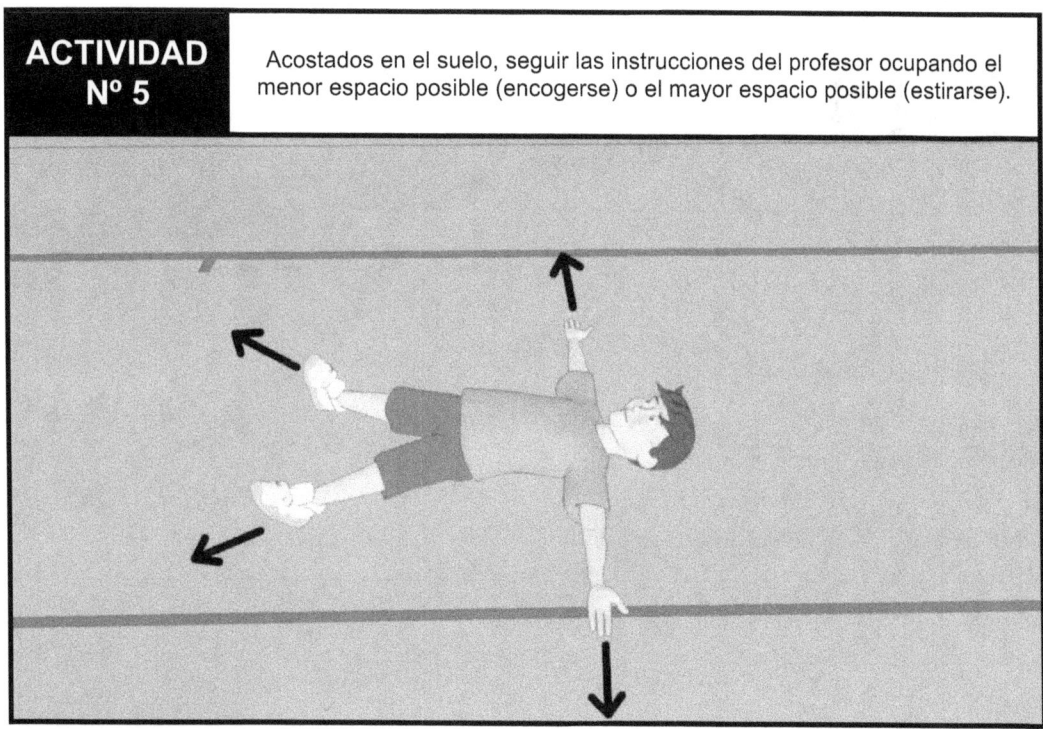

ACTIVIDAD Nº 6

Acostados en el suelo, subir un brazo lentamente y a continuación hacerlo caer como si se hubiese dormido. Después el brazo contrario.

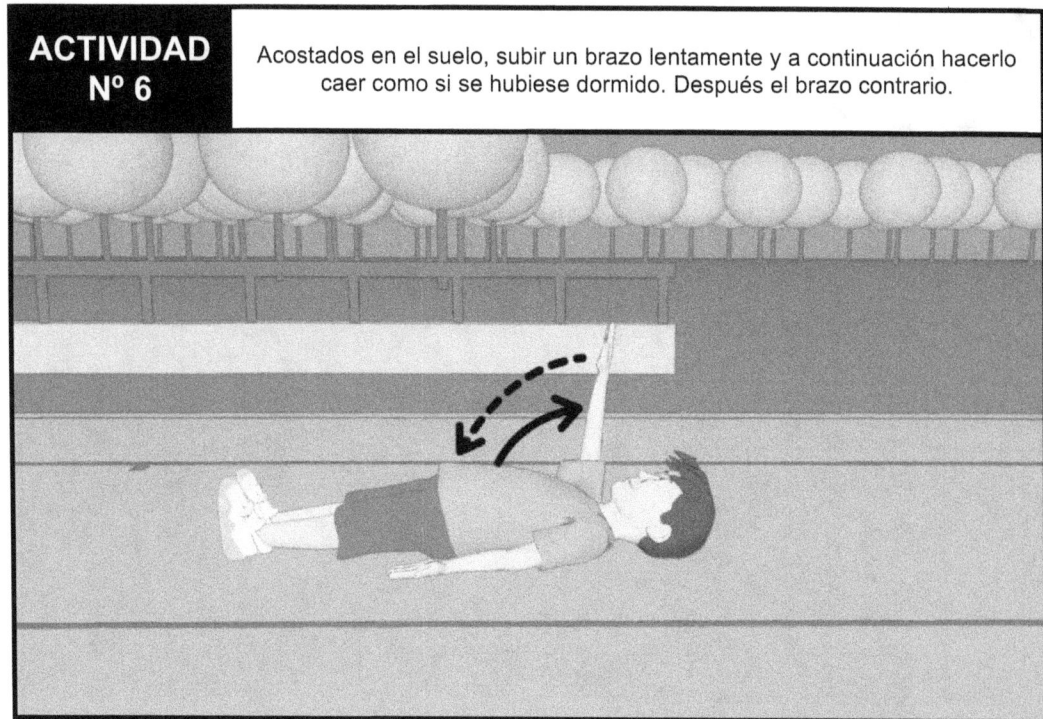

ACTIVIDAD Nº 7

Igual que el ejercicio anterior, pero ahora se realiza con una y otra pierna.

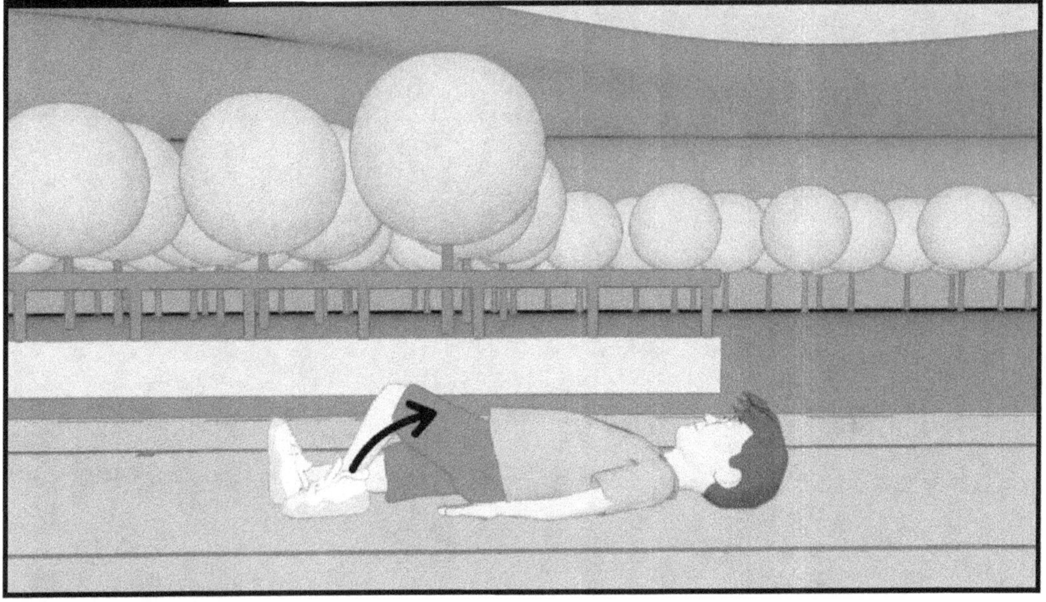

ACTIVIDAD Nº 8

Igual que los ejercicios anteriores, aunque esta vez se sube a la vez un brazo y una pierna y se relajan. Después el brazo y pierna contrarios.

ACTIVIDAD Nº 9

Por parejas, situados uno tras otro, el primero hace una figura y el otro compañero adopta la posición contraria. Por ejemplo, si el primero levanta el brazo izquierdo, el otro debe levantar el derecho.

ACTIVIDAD Nº 10

Igual que el ejercicio anterior, pero ahora los alumnos se colocan uno frente a otro e imitan a un espejo.

ACTIVIDAD Nº 11

Jugar a "tú la llevas" o al "coger". Los alumnos que coloquen sus extremidades de forma simétrica quietos en el sitio no pueden ser cogidos.

ACTIVIDAD Nº 12

Por parejas, el primero ejecuta una voltereta hacia delante y el compañero le indica los posibles errores.

ACTIVIDAD Nº 13

Por parejas, el primero ejecuta una voltereta hacia delante e intenta pararse en el momento en que lo indique su compañero sea cual sea su posición.

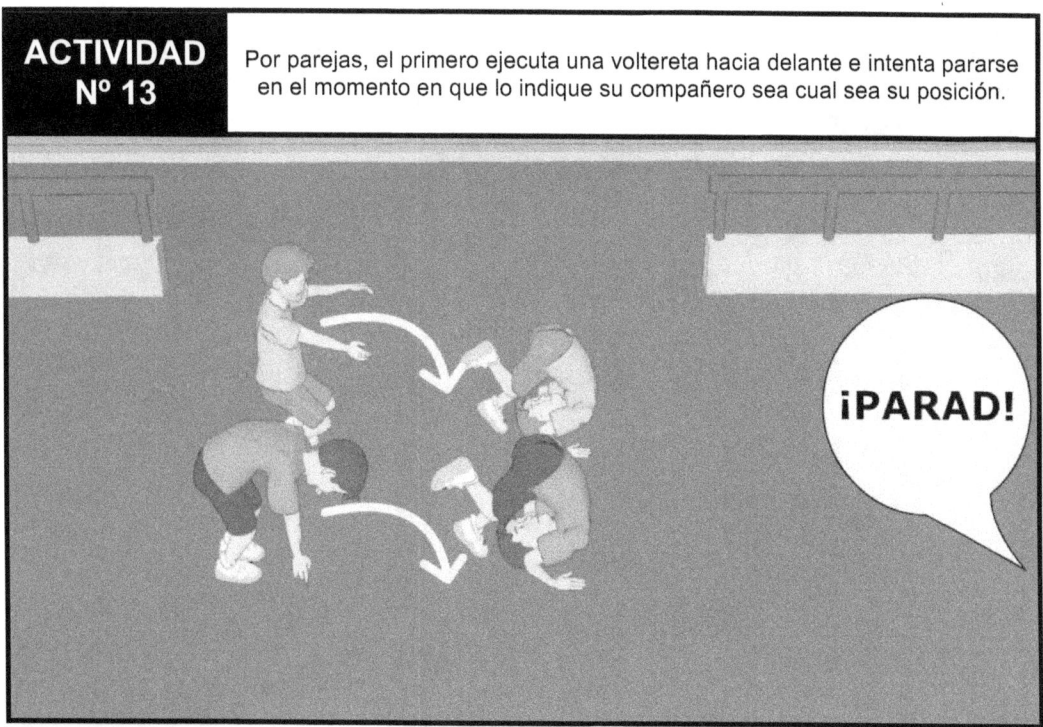

ACTIVIDAD Nº 14

Con una venda sobre los ojos (pañuelo, sudadera…) mantenerse en las posiciones que indica el profesor: a pata coja, sobre las punteras, con los brazos en cruz, etc.

ACTIVIDAD Nº 15

Con los ojos tapados y con la ayuda de un compañero, ir dando pequeños saltos a pies juntos hacia delante intentando describir una trayectoria lo más recta posible.

ACTIVIDAD Nº 16

Igual que el ejercicio anterior, pero ahora nos desplazamos dando saltos a pata coja. Practicar las dos piernas.

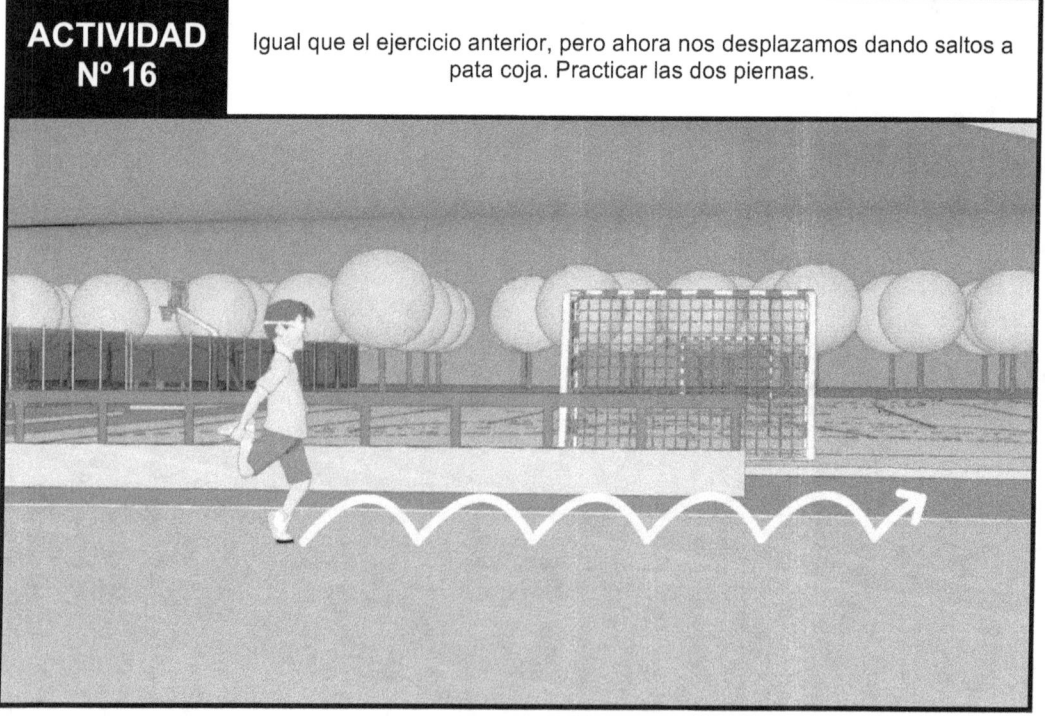

ACTIVIDAD Nº 17

Con los ojos vendados y a pata coja, seguir las indicaciones de un compañero o del profesor. Mover la pierna libre hacia un lado, hacia delante, hacia atrás.

ACTIVIDAD Nº 18

Con los ojos vendados, colocarnos en la posición que nos indica el profesor o un compañero: girar, inclinarse hacia un punto, flexionar…

ACTIVIDAD Nº 19

Por parejas, el primero acostado en el suelo, y el segundo mueve las extremidades de su compañero como si fuese un muñeco.

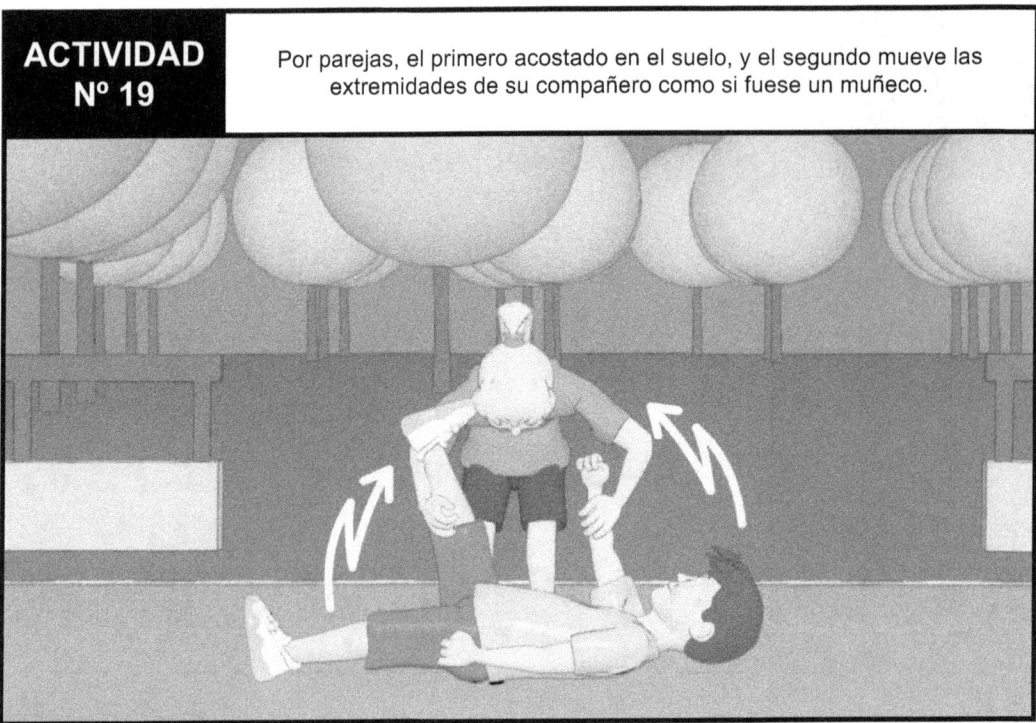

ACTIVIDAD Nº 20

Igual que el ejercicio anterior, pero ahora el alumno inmóvil está de pie y el otro lo mueve como si fuese una estatua.

ACTIVIDAD Nº 21

Por parejas, tirar de un compañero que está en "peso muerto".

ACTIVIDAD Nº 22

Por parejas, el primero acostado y con los brazos relajados, y el segundo va levantando las extremidades que indica el profesor: brazo derecho, brazo izquierdo. Después cambio de roles.

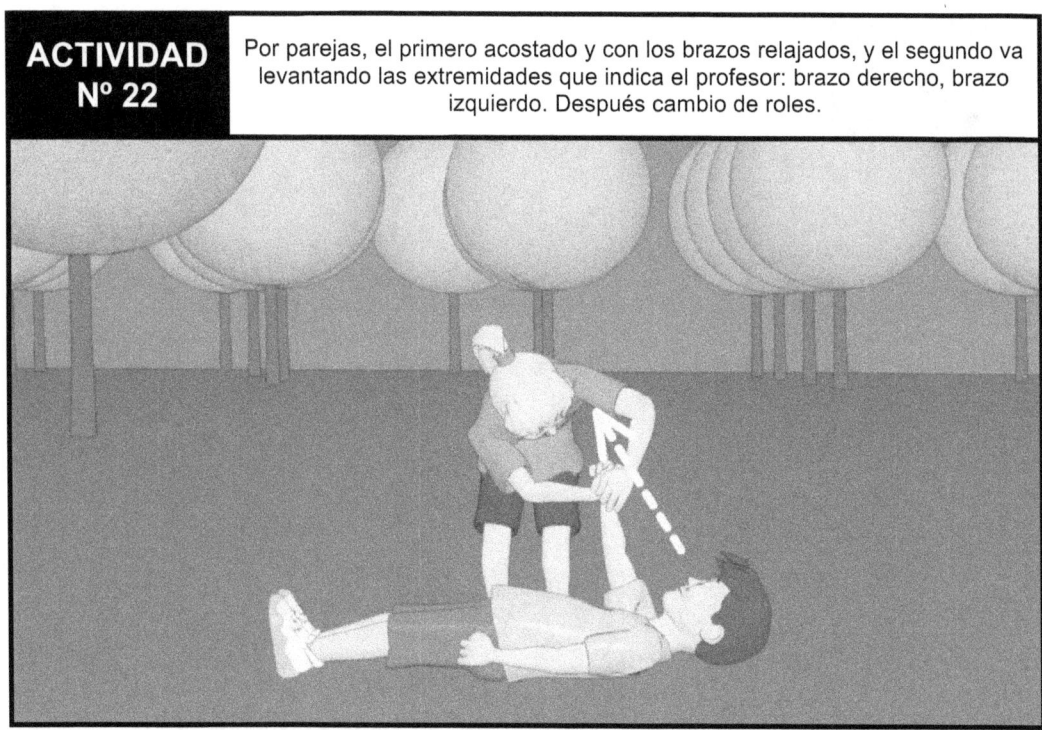

ACTIVIDAD Nº 23: Por parejas, haciendo la carretilla, el que tiene las manos en el suelo flexiona su cuerpo o lo estira según indique el profesor.

ACTIVIDAD Nº 24: Por parejas, desplazándose por todo el terreno de juego, intentar tocar la parte del compañero que indique el profesor y que no toquen la tuya (rodilla, codo…).

ACTIVIDAD Nº 25 — Igual que el ejercicio anterior, pero ahora el objetivo es tocar en una parte determinada de la espalda (hombro, columna…).

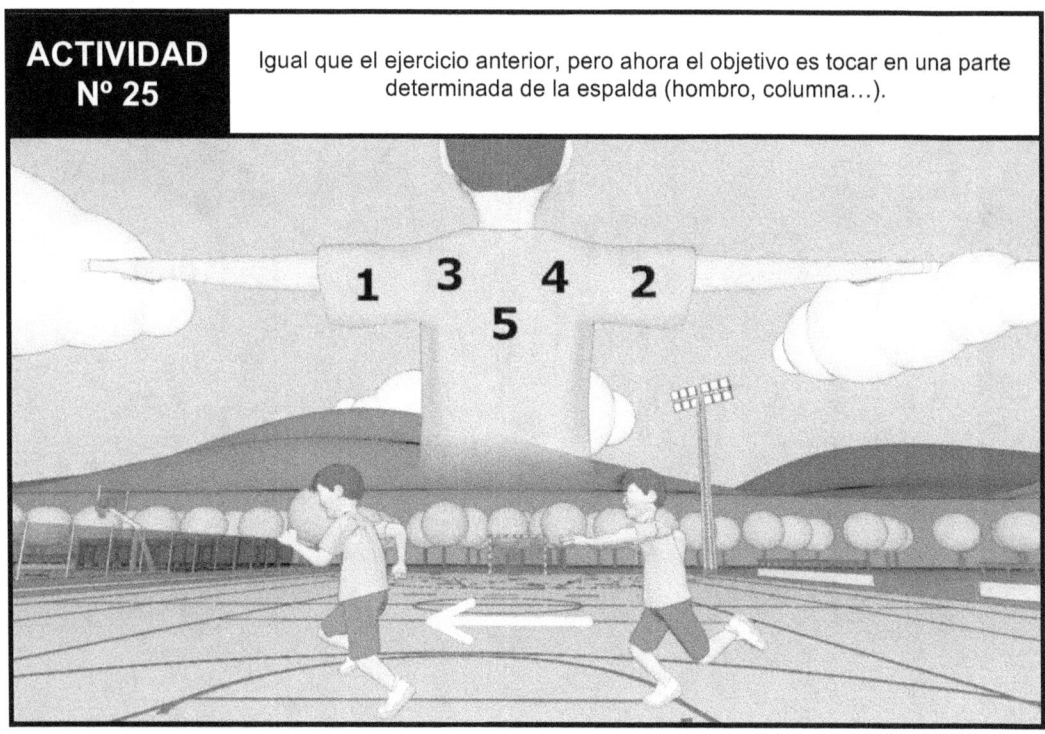

ACTIVIDAD Nº 26 — Por parejas, desplazarse por el terreno de juego agarrados de la mano, de la camiseta, del pantalón… sin chocarse con el resto de compañeros.
Variante: desplazarse en otras direcciones (hacia atrás, hacia los lados etc...)

ACTIVIDAD Nº 27

Todos los alumnos sentados por parejas, agarrados por los codos de espalda a nuestro compañero. Desde esta posición realizar las acciones que indique el profesor: subir y bajar, tocar un objeto, desplazarse hacia algún sitio, etc.

ACTIVIDAD Nº 28

Por parejas, desplazándonos por todo el terreno de juego con los brazos cruzados, intentar tocar la zona del cuerpo del compañero que indique el profesor.

| ACTIVIDAD Nº 29 | Tras establecer dos equipos, desplazarse por el terreno de juego en la posición indicada por el profesor (con las manos arriba, una mano en el pecho…), intentando atrapar a todos los componentes del equipo contrario. |

| ACTIVIDAD Nº 30 | Por parejas, agarrados por los codos de espalda a nuestro compañero, movernos en la dirección que señala el profesor. |

ACTIVIDAD Nº 31

Dispuestos en equipos de cuatro y agarrados cada uno a dos compañeros por los codos como muestra la ilustración, desplazarse en la dirección que señala el profesor lo más rápido posible y sin soltarse.

ACTIVIDAD Nº 32

Por parejas, con una cuerda, el primero tira de ella y arrastra al segundo que está tendido en el suelo.

| ACTIVIDAD Nº 33 | Individualmente, con una cuerda, hacerlo girar en todas las direcciones posibles mientras caminamos o corremos por el espacio de trabajo. |

| ACTIVIDAD Nº 34 | Por parejas o en grupos, con una cuerda, uno se coloca en el centro y comienza a girar extendiendo la cuerda. El resto de alumnos intenta saltarla sin interrumpir el movimiento. |

| ACTIVIDAD Nº 35 | Individualmente, con una cuerda, y sentados en el suelo, apoyar un pie en la mitad de la cuerda tensándola y extendiendo la pierna mientras la elevamos. |

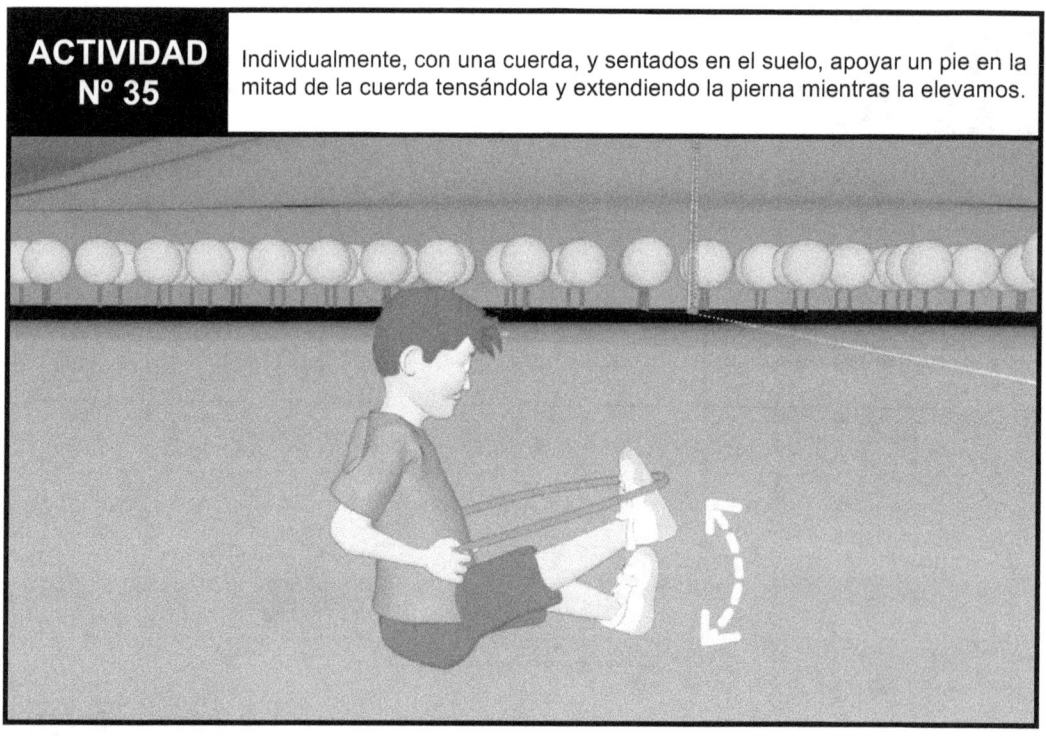

| ACTIVIDAD Nº 36 | En la misma disposición que el ejercicio anterior pero ahora apoyamos las dos piernas e intentamos elevarlas manteniendo el cuerpo en equilibrio. |

| ACTIVIDAD Nº 37 | Individualmente, con una cuerda, intentar describir un circulo sin movernos de la posición que indique el profesor (arrodillados, piernas abiertas,...) |

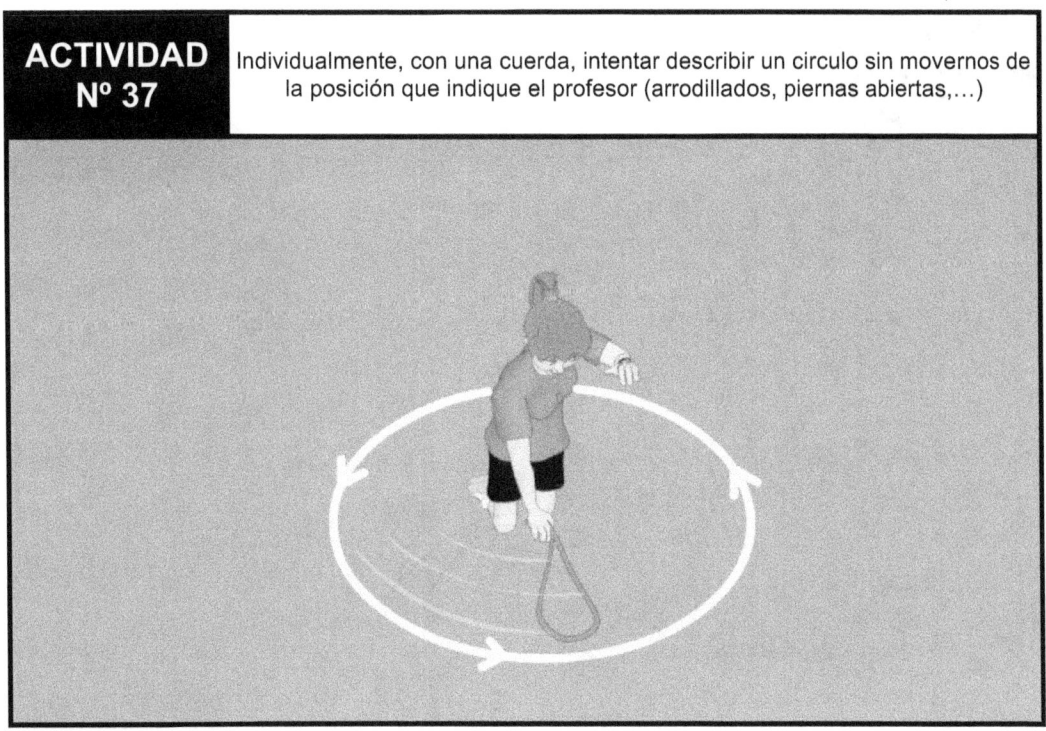

| ACTIVIDAD Nº 38 | Sentados en el suelo, con las piernas completamente estiradas, inclinarnos hacia delante intentando llevar una cuerda lo más lejos posible. |

ACTIVIDAD Nº 39 — Sentados en el borde de una colchoneta, hacer la cuna y volver a la posición inicial.

ACTIVIDAD Nº 40 — Igual que el ejercicio anterior, pero ahora, a la ida, nos quedamos con las piernas hacia arriba apoyándonos sobre la espalda como muestra la ilustración.

ACTIVIDAD Nº 41

Corriendo a diferentes velocidades de forma progresiva, saltar sobre un banco sueco intentando caer en la marca.

ACTIVIDAD Nº 42

Tras colocar uno o dos cajones de plinto, correr y saltar por encima de un obstáculo situado al principio sin derribarlo.

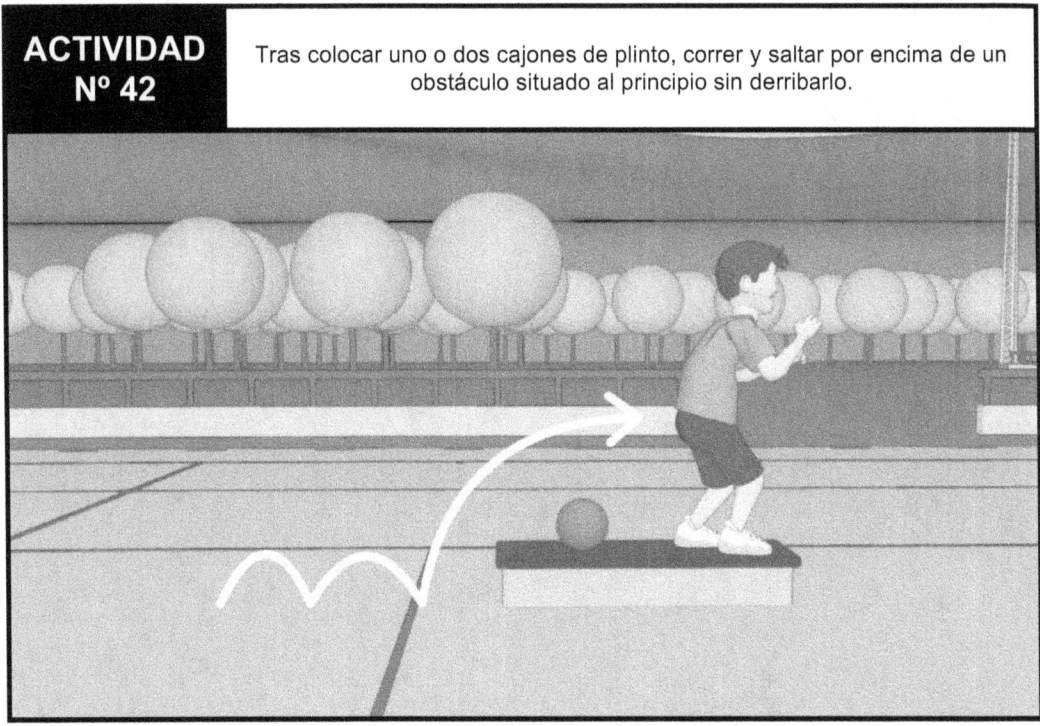

ACTIVIDAD Nº 43 — En la misma disposición que el ejercicio anterior, correr hacia el plinto y caer con un pie a cada lado del obstáculo que se ha colocado.

ACTIVIDAD Nº 44 — Individualmente, sentados en el suelo con un aro en nuestra cintura, subirlo y bajarlo mientras giramos el cuerpo a ambos lados.

ACTIVIDAD Nº 45

Individualmente o por parejas, sentados en el suelo con un aro situado a nuestra espalda, girar a cada lado de forma alternativa y tocar dentro del aro.

ACTIVIDAD Nº 46

Tras hacer rodar un aro hacia delante, intentar adelantarlo lo más rápido posible para atraparlo.

| **ACTIVIDAD Nº 47** | Tras hacer rodar un aro hacia delante, intentar adelantarlo para colocar una mano en el suelo en su trayectoria para que el aro salte y siga su movimiento. |

| **ACTIVIDAD Nº 48** | Mantener un aro en equilibrio sobre la palma de la mano a media que nos desplazamos por el espacio de trabajo. ¿Quién se lo cambia de mano sin que caiga al suelo? |

ACTIVIDAD Nº 49 — En el sitio, haciendo equilibrio con un aro sobre las palmas de las manos, cambiar el apoyo girando las manos colocándolo esta vez sobre los dorsos.

ACTIVIDAD Nº 50 — Por parejas, con un aro, agarra cada uno por un lado y desplazarse por el espacio de trabajo siguiendo las indicaciones del profesor.

| ACTIVIDAD Nº 51 | Por parejas, manteniendo un aro en el aire sujetándolo con un pie de cada compañero (derecha de uno e izquierda del otro) desplazarse por el espacio de trabajo siguiendo las indicaciones del profesor. |

| ACTIVIDAD Nº 52 | Por parejas, tras colocar un aro en el suelo en medio, correr a su alrededor siguiendo las indicaciones del profesor. |

ACTIVIDAD Nº 53

Distribuidos los alumnos en dos grupos, el primero con aros los hace rodar por el suelo utilizando todo el terreno de juego. A la señal del profesor, el otro equipo trata de quitarle los aros a sus oponentes.

ACTIVIDAD Nº 54

Individualmente, con una pica apoyada en el suelo verticalmente como muestra la ilustración, realizar los movimientos que indica el profesor: flexionar piernas, colocarnos de puntera, abrir-cerrar piernas con salto intermedio, etc.

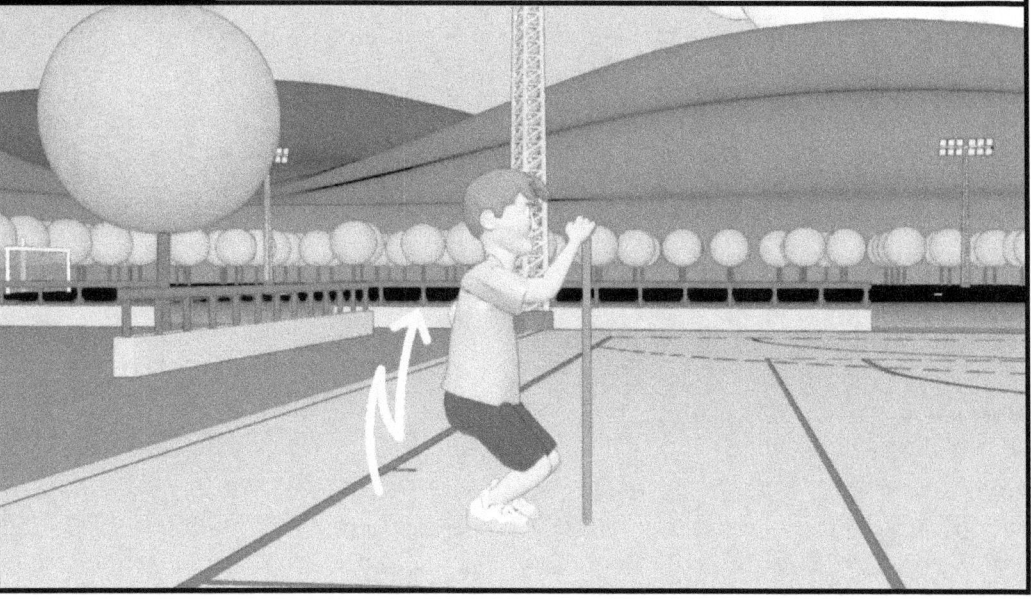

ACTIVIDAD Nº 55 — En la misma disposición que el ejercicio anterior, correr alrededor de la pica hacia el lado que indica el profesor.

ACTIVIDAD Nº 56 — Individualmente, con una pica apoyada en el suelo, soltarla e intentar dar un cuarto de vuelta sobre ella para recogerla antes que caiga al suelo. A medida que lo vamos consiguiendo aumentaremos la cantidad de giro (media vuelta, tres cuartos, vuelta completa).

| ACTIVIDAD Nº 57 | Individualmente con una pica, sujetarla con los brazos completamente extendidos por el sitio que indica el profesor, cambiando de posición lo más rápido posible a cada instrucción: por un extremo, por la mitad, al otro extremo… |

| ACTIVIDAD Nº 58 | Acostados en el suelo con un frisbee sobre la cabeza, mantenerlo en equilibrio para que no caiga al suelo. |

ACTIVIDAD Nº 59: Igual que el ejercicio anterior, pero ahora los alumnos se colocan de rodillas en el suelo, sentados.

ACTIVIDAD Nº 60: Individualmente con un frisbee, manteniendo las piernas abiertas, pasar el frisbee entre éstas lo más rápido posible describiendo la trayectoria de un ocho.

| ACTIVIDAD Nº 61 | Individualmente con un frisbee, hacer equilibrio con él o moverlo de un sitio a otro sin atraparlo con la mano y sin que se caiga al suelo. |

| ACTIVIDAD Nº 62 | Individualmente con dos frisbee, colocarlos en diferentes partes del cuerpo haciendo equilibrio sin que ninguno caiga al suelo. |

| **ACTIVIDAD Nº 63** | Igual que el ejercicio anterior, pero ahora intentamos hacer equilibrio con tres discos. |

| **ACTIVIDAD Nº 64** | Individualmente, con un frisbee sobre la cabeza y situados en diferentes posiciones (sentado, flexión de brazos, carretilla…), desplazarse por el espacio de trabajo sin que el frisbee caiga al suelo. |

ACTIVIDAD Nº 65

Individualmente, con un frisbee sobre el dorso de una mano y sentados sobre los talones, desplazarse hacia delante sin caer el frisbee.

ACTIVIDAD Nº 66

Individualmente, con dos frisbees, desplazarse a pata coja en todas direcciones con los brazos en cruz haciendo equilibrio con un frisbee en cada mano sin que caigan al suelo.

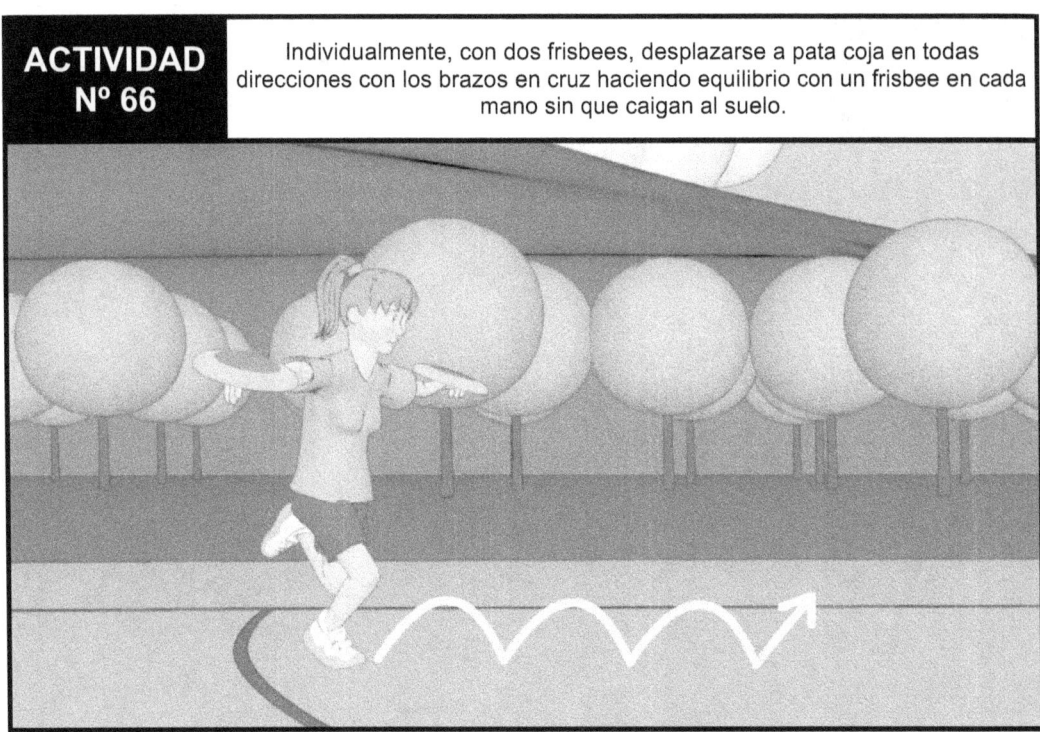

ACTIVIDAD Nº 67

Desplazarse por el espacio de trabajo (marcado con obstáculos u otras indicaciones) apoyando con diferentes zonas de los pies: interior, exterior, talones, punteras, tacón, punta…

ACTIVIDAD Nº 68

Igual que el ejercicio anterior, pero ahora nos desplazamos hacia atrás sin chocar con los obstáculos.

ACTIVIDAD Nº 69

Tras colocar una gran cantidad de aros por el suelo, desplazarse pisando siempre dentro de ellos con las piernas completamente en tensión.

ACTIVIDAD Nº 70

Igual que el ejercicio anterior, pero ahora pisamos con la pierna en tensión dentro de cajones de plinto.

ACTIVIDAD Nº 71 — Igual que los dos ejercicios anteriores, pero ahora nos desplazamos hacia atrás pisando en los aros y en los cajones de plinto.

ACTIVIDAD Nº 72 — Individualmente con una pelota, botarla con las dos manos a la vez mientras estamos parados. A continuación lo hacemos igual pero desplazándonos a diferentes velocidades.

ACTIVIDAD Nº 73

Igual que el ejercicio anterior, pero ahora botamos la pelota con una mano. Realizar el ejercicio también con la mano contraria.

ACTIVIDAD Nº 74

Individualmente con una pelota, lanzarla fuerte contra el suelo con las dos manos de modo que llegue por encima de nuestra cabeza y la recojamos cuando vaya descendiendo.

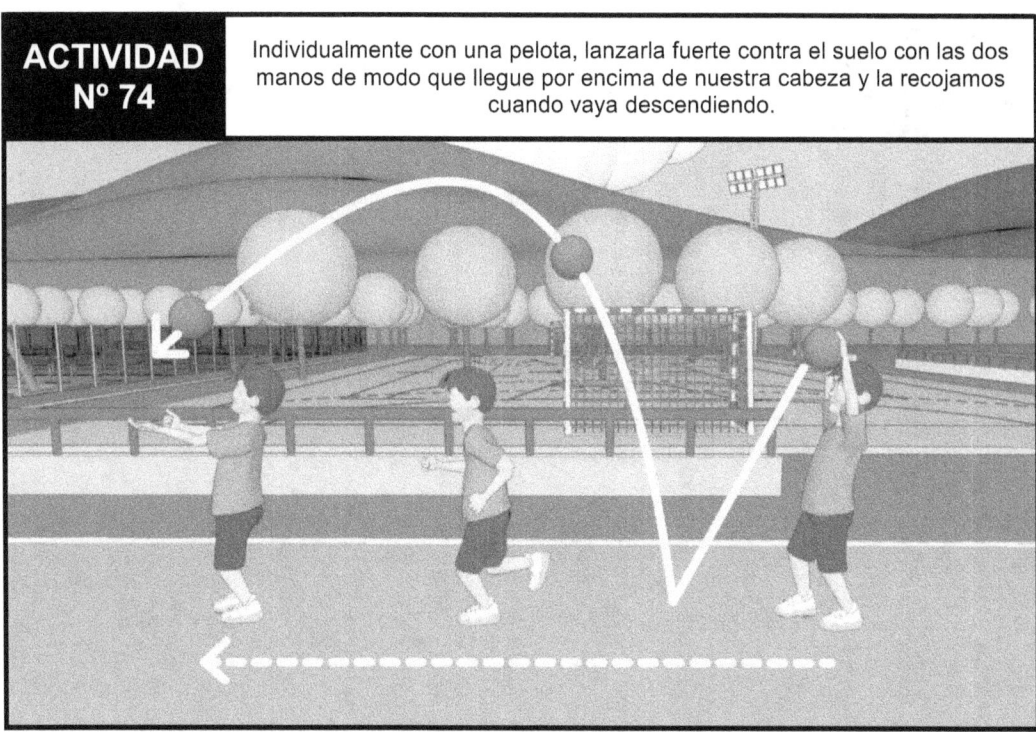

ACTIVIDAD Nº 75

Igual que el ejercicio anterior, pero ahora realizamos el lanzamiento con una mano.

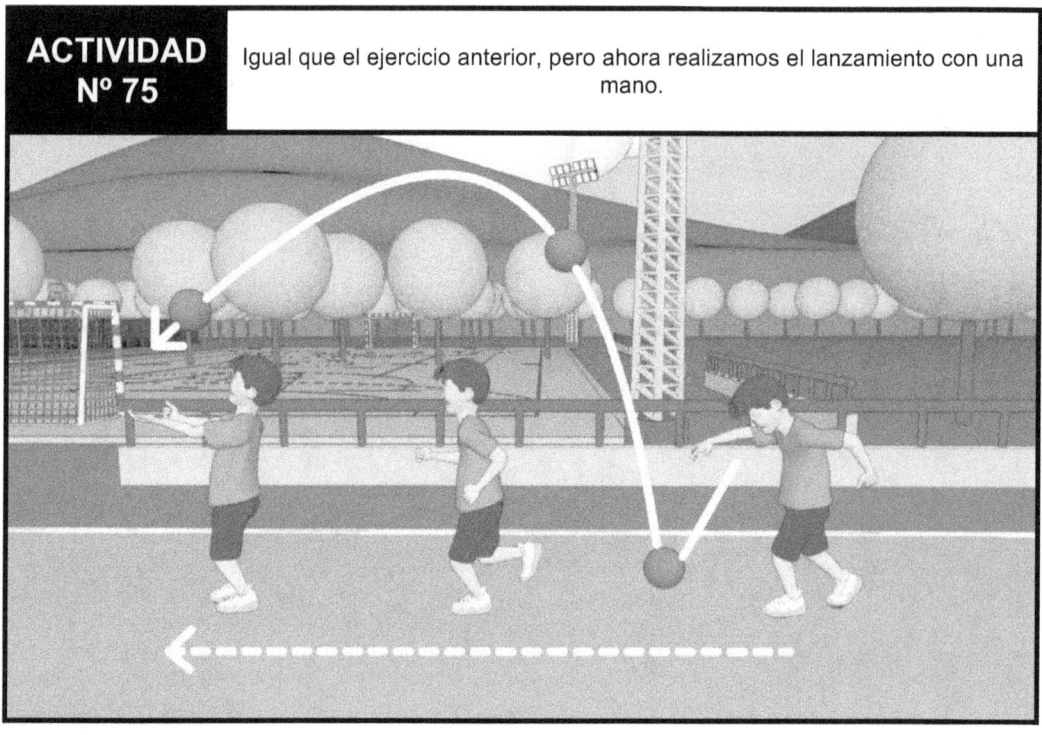

ACTIVIDAD Nº 76

Por parejas, con una pelota, pasarla al compañero del mayor número de formas posible: de gancho, entre las piernas, de espalda…

ACTIVIDAD Nº 77 — Igual que el ejercicio anterior, pero ahora realizamos el pase golpeando la pelota con diferentes partes del cuerpo: palma de la mano, codo, cabeza…

ACTIVIDAD Nº 78 — Individualmente con un balón, sentados en el suelo, hacer que la pelota vaya dando vueltas por nuestra espalda y entre las piernas. ¿Quién consigue hacer el movimiento más rápido?

ACTIVIDAD Nº 79 — Igual que el ejercicio anterior, pero ahora los alumnos están acostados en el suelo y se pasan la pelota entre las piernas flexionadas.

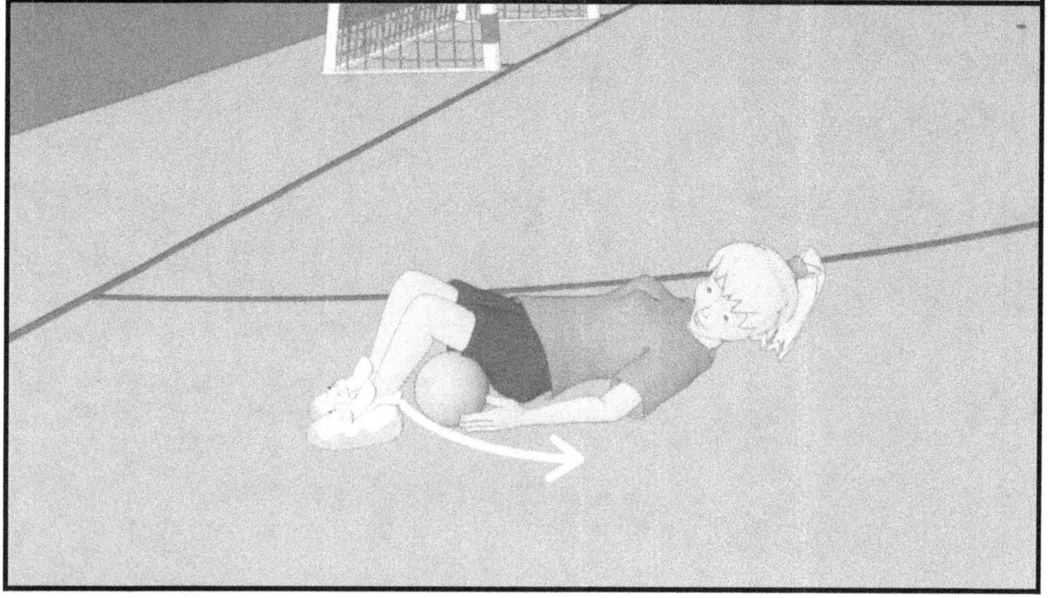

ACTIVIDAD Nº 80 — Sentados en el suelo con una pelota en el vientre, flexionar el tronco y los muslos para atrapar la pelota. Desde esta posición hacer la "cuna".

ACTIVIDAD Nº 81

Individualmente con una pelota, mantenerlo en el aire sobre la palma de la mano con el brazo totalmente estirada. A continuación relajar el brazo dejando caer al suelo la pelota.

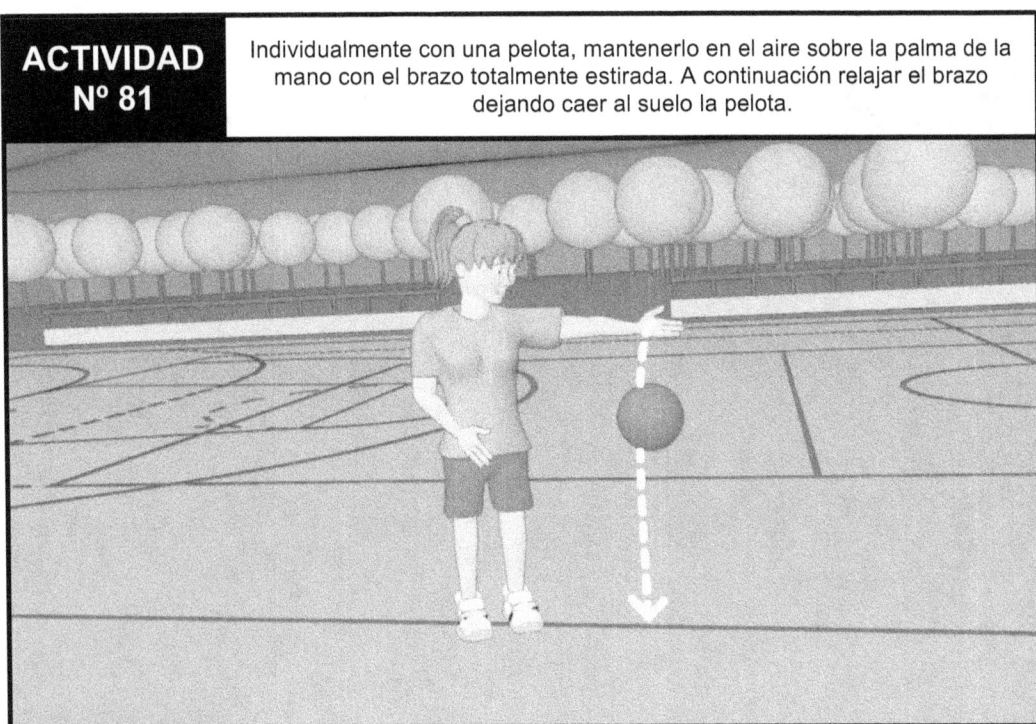

ACTIVIDAD Nº 82

Individualmente con una pelota, hacer presión con dos partes del cuerpo para que no caiga al suelo: dos manos, dos rodillas, dos tobillos, mano-cabeza…

ACTIVIDAD Nº 83 — Por parejas, con un balón, intentar quitarle el balón al compañero tirando hacia el lado contrario.

ACTIVIDAD Nº 84 — Igual que el ejercicio anterior, pero ahora uno abraza el balón y el otro intenta quitárselo tirando de él con las manos.

ACTIVIDAD Nº 85

Igual que los ejercicios anteriores, pero ahora el que sujeta el balón lo hace entre las rodillas sentado en el suelo.

ACTIVIDAD Nº 86

Por parejas, con un balón, uno atrapa el balón con diferentes partes del cuerpo y el otro le da un golpe intentando moverlo.

| **ACTIVIDAD Nº 87** | Individualmente con un balón, mantenerlo en el aire con el brazo extendido a un lado. Desde esta posición golpear el balón de forma alternativa con la palma y con el dorso de la mano. |

| **ACTIVIDAD Nº 88** | Igual que el ejercicio anterior, pero ahora los golpeos se realizan con el antebrazos. |

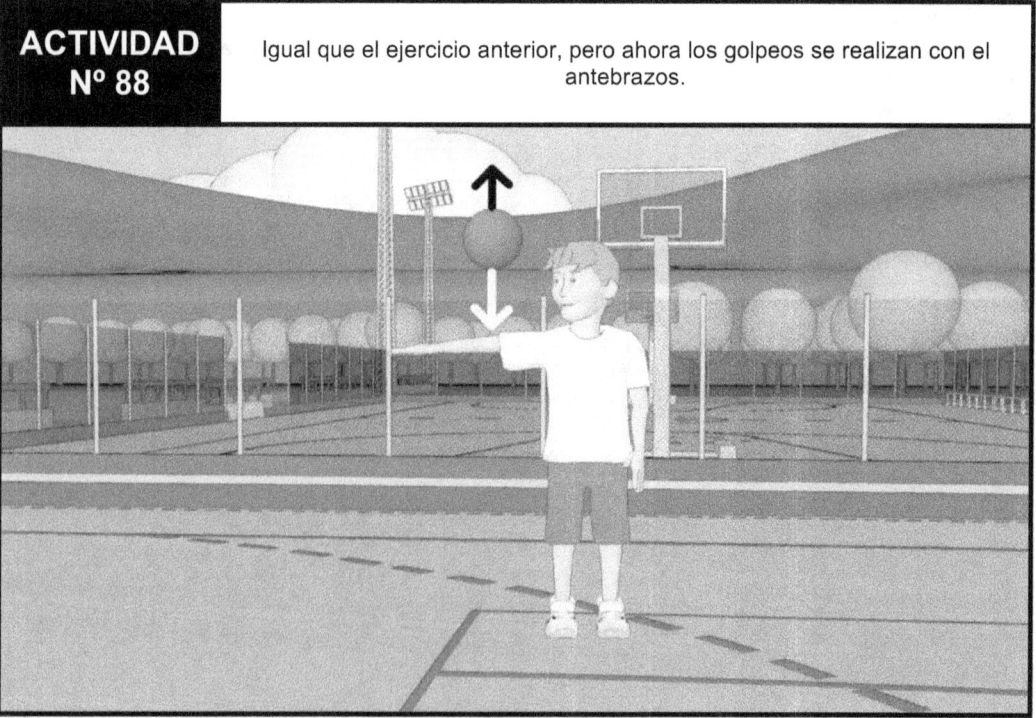

ACTIVIDAD Nº 89 | Individualmente con un balón, golpearlo con el codo intentando mantenerlo en el aire.

ACTIVIDAD Nº 90 | Individualmente con un balón, lanzarlo al aire y golpearlo con el hombro para después recogerlo de nuevo con la mano. Repetir el movimiento y hacerlo cada vez de una forma más fluida.

ACTIVIDAD Nº 91 — Igual que el ejercicio anterior, pero ahora lanzamos el balón al aire y lo golpeamos con la parte alta de la espalda.

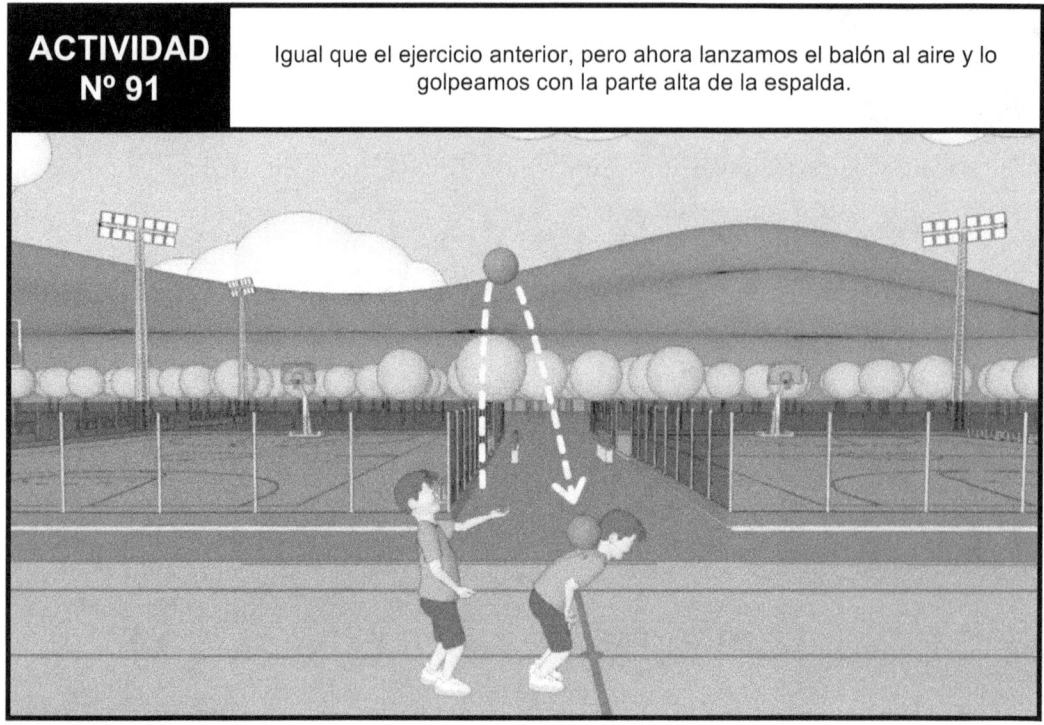

ACTIVIDAD Nº 92 — Igual que el ejercicio anterior, pero ahora golpeamos con la parte baja de la espalda.

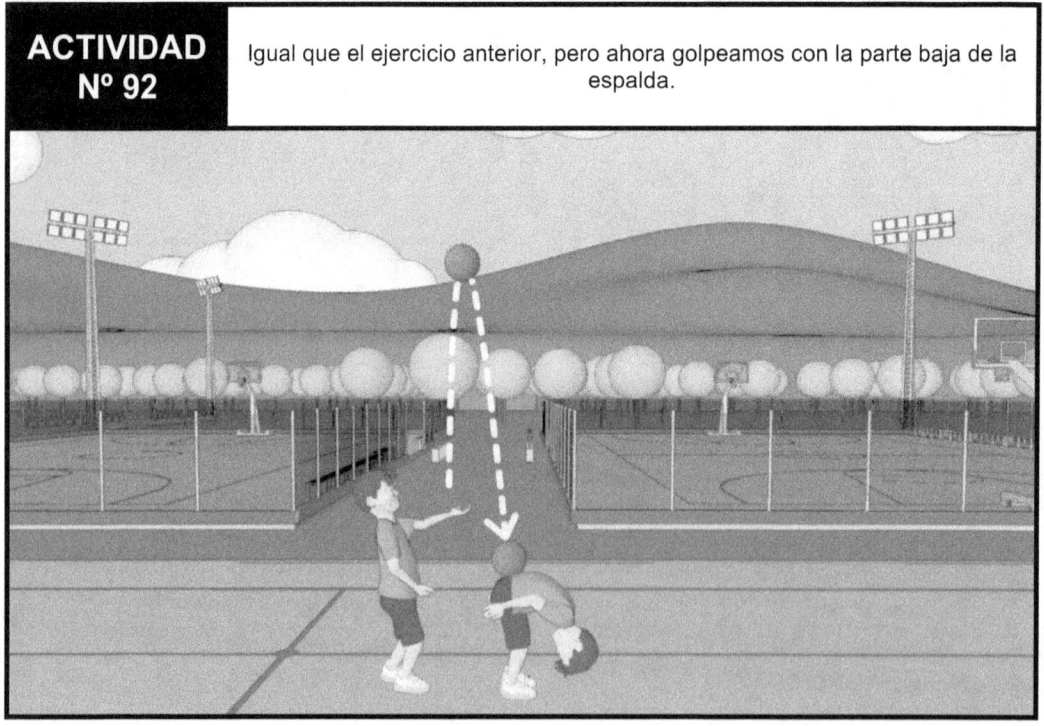

ACTIVIDAD Nº 93 — Por parejas, con una pelota de tenis, pasarla al compañero y recogerla con la misma mano que ha utilizado el lanzador.

ACTIVIDAD Nº 94 — Igual que el ejercicio anterior, pero ahora atrapamos la pelota con una mano y la lanzamos con la contraria. Realizar el ejercicio con las dos manos.

| **ACTIVIDAD Nº 95** | Por parejas, con una pelota de tenis cada alumno, intentar tocar a nuestro compañero en la zona establecida sin que te toquen (brazo, hombro, espalda…) |

| **ACTIVIDAD Nº 96** | Por parejas, con una pelota de tenis cada uno, y dentro de un aro como muestra la ilustración, intentar quitarle la pelota al compañero sin que te la quiten a ti. |

ACTIVIDAD Nº 97

Por parejas, con una pelota de tenis, pasarla al compañero que, sin dejarla botar, la golpea dos veces con cualquier parte del cuerpo y la devuelve a su compañero para repetir la acción.

ACTIVIDAD Nº 98

Igual que el ejercicio anterior, pero ahora el primer toque se debe dar con cualquier extremidad del lado izquierdo y el segundo con cualquier extremidad del lado derecho.

| ACTIVIDAD Nº 99 | Individualmente o por grupos, tras colocar una diana en una pared (silueta humana, animal, círculos…) realizar lanzamientos con una pelota de tenis golpeando en la zona acordada. |

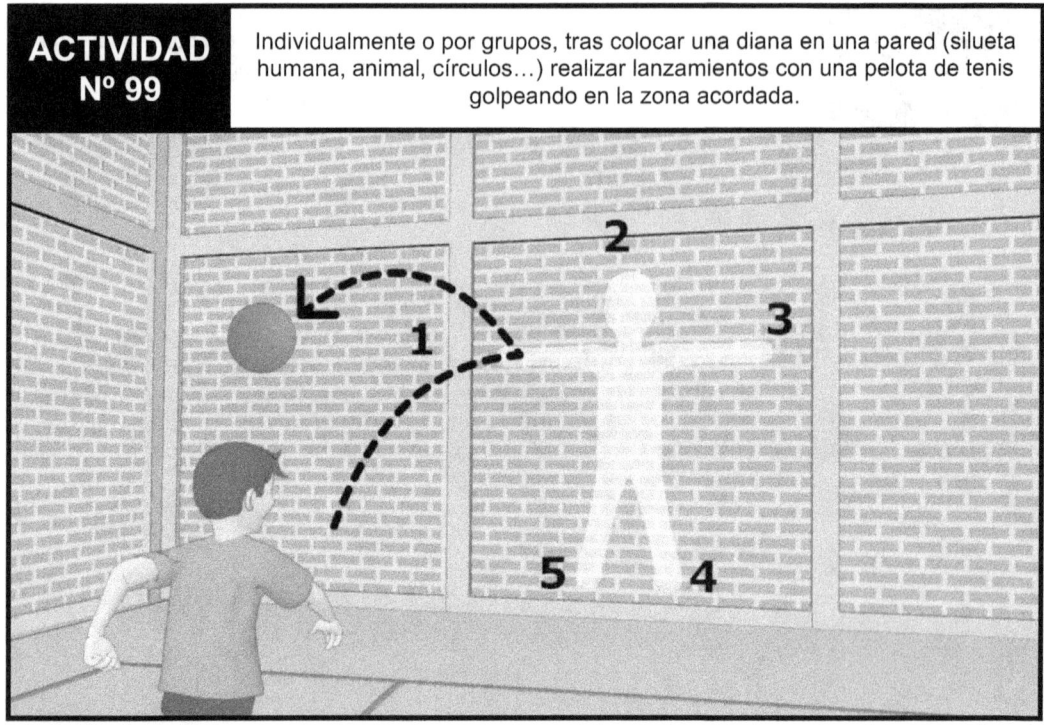

| ACTIVIDAD Nº 100 | Igual que el ejercicio anterior, pero ahora el lanzamiento se realiza tras el pase de un compañero de modo que los alumnos tengan menos tiempo de preparación. |

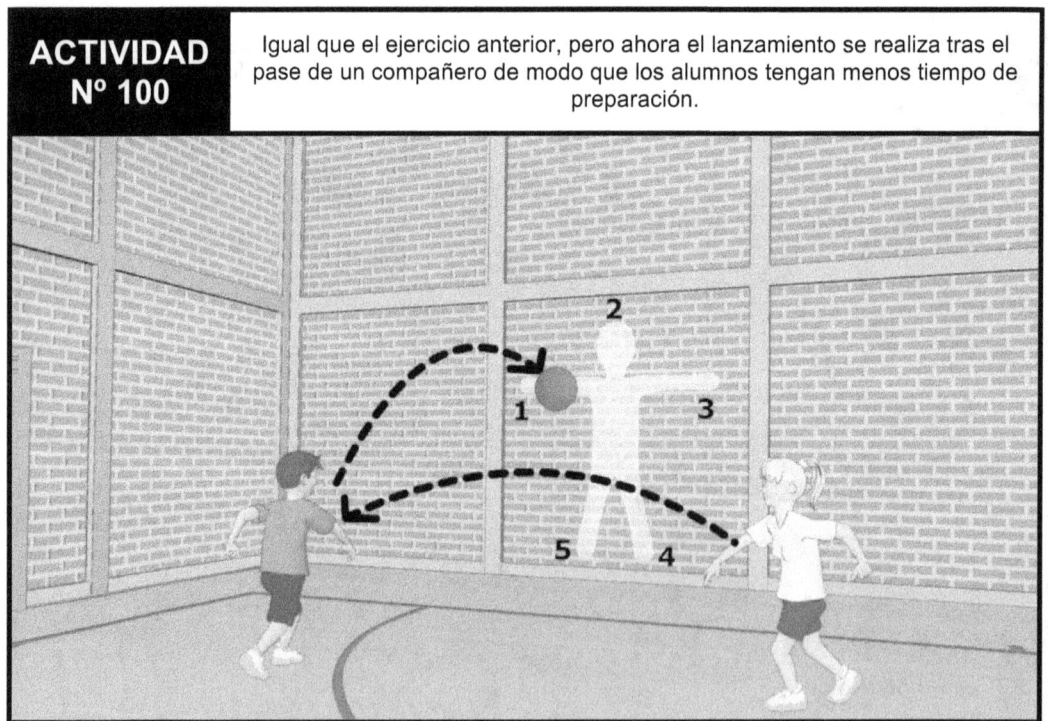

100 Ejercicios Y Juegos de Percepción Espacial y Temporal para niños de 8 a 10 años

Introducción

La percepción del propio cuerpo así como la percepción del entorno que nos rodea resulta esencial para poder alcanzar el éxito en nuestras respuestas motóricas. Estos dos aspectos forman parte de lo que denominamos capacidades perceptivo-motrices, es decir, la capacidad de coordinar la información proveniente de los sentidos con el propio movimiento.

Responder a un estímulo supone mucho más que la propia ejecución de un movimiento, depende además de múltiples factores como son el momento de desarrollo de la propia imagen corporal del alumno y la percepción que este haga de su propio cuerpo, la percepción espacial, la percepción temporal, y la percepción espacio-temporal.

En este título les ofrecemos un variado repertorio de juegos para trabajar específicamente la percepción espacial y temporal con sus alumnos de 8 a 10 años de edad.

Concepto

La percepción que tienen nuestros alumnos de su propio cuerpo comienza a estructurarse en los primeros años de vida, quedando prácticamente definida entre los 8 - 12 años, siempre que se haya estimulado de forma correcta su desarrollo. Esta imagen que se debe hacer sobre sí mismo, también llamada esquema corporal, debe facilitarle el conocimiento automático de su estado postural, ya sea de forma estática o dinámica, así como la relación que pueda establecerse entre sus segmentos corporales o entre estos y el entorno en el que actúa. De este modo, las tres áreas sobre las que actúa directamente la percepción corporal serían:

- Conocimiento del propio cuerpo: en cuanto a estructuración física en la que se comienza aprendiendo cuáles son las partes más grandes del cuerpo y más tarde se disocian los segmentos (respondería a ¿qué segmentos es...?).
- Funcionamiento de las partes del cuerpo: como medio para posibilitar nuevas experiencias de interactuar con el entorno, comprendiendo los límites personales y la utilidad de cada una de las partes en la actividad que se desarrollo. Del mismo modo se vería en esta área la relación existente entre los diferentes segmentos corporales y el resultado que

produce dicha interactividad (respondería a ¿para qué sirve el segmento...?).

- Experiencia del propio cuerpo cuando se relaciona con el medio: con el objetivo de ampliar el número de respuestas aprendidas ante estímulos parecidos (respondería a ¿si quiero golpear en un partido de fútbol utilizaría el segmento...?).

Veamos ahora otros conceptos que están íntimamente relacionados entre sí y con el conocimiento del propio cuerpo, la percepción espacial y la percepción temporal.

Cuando hablamos de percepción espacial, hacemos referencia a la capacidad del alumno para diferenciarse como entidad propia del mundo que le rodea (de otros objetos, de otros individuos...), lo que le lleva, además, a establecer una relación de distancia (proximidad - lejanía) entre él y otro sujeto u objeto, o entre sujetos y objetos entre sí.

La percepción temporal está muy ligada al concepto anterior, ya que, el alumno, lo que tiene en cuenta es una secuencia de percepciones espaciales y el tiempo que transcurre entre cada una de ellas.

Finalmente haremos referencia a un concepto que incluye a los tres que hemos visto con anterioridad, la percepción espacio temporal. En esta, el alumno hace uso de su imagen corporal para interactuar con el medio, teniendo en cuenta el espacio y el tiempo (y los posibles elementos que aparecen) para resolver la tarea que le ocupa.

Otros factores influyentes

Además del propio conocimiento del cuerpo y de las percepciones espacio temporales, existen otros elementos que se deben trabajar desde una globalidad, sobre todo en edades tan tempranas como la que nos ocupa. Estos son:

- Lateralidad: una de las peculiaridades del ser humano es que está "construido" mediante pares de elementos situados en el cuerpo de manera simétrica (dos brazos, dos piernas, dos ojos...), aunque siempre se utiliza una de las partes con mayor eficacia que la otra. A esta preferencia por el lado del cuerpo utilizado para ejecutar una tarea es a lo que llamamos lateralidad, y es la responsable de que golpeemos mejor con una pierna que con otra, utilicemos una raqueta con una u otra mano, saltemos con el apoyo de un determinado pie... La lateralidad depende en gran medida de la predominancia de uno de los hemisferios cerebrales sobre el otro (el izquierdo en los diestros, y el derecho en los zurdos). A modo anecdótico diremos que hay tres tipos de lateralidad: homogénea o integral (cuando un lado del cuerpo predomina absolutamente sobre el otro), heterogénea o no integral (cuando la predominancia no es total: cruzada, invertida...), y ambidiestro (no predomina ningún lado, utiliza con igual eficacia ambos lados, o utiliza un lado para unas tareas y el otro para otras diferentes).

- Tono postural: hace referencia a la cantidad de tensión o contracción muscular que posibilita las diferentes actividades corporales. Por regla general se trata de un estado permanentemente activo e inconsciente, por lo que su buen funcionamiento incidirá en el ahorro energético.
- Respiración: la toma de conciencia y el control de la respiración ayudan en el conocimiento del propio cuerpo (así como a la hora de aportar oxígeno y eliminar dióxido de carbono en la actividad física).
- Relajación: en cuanto que permite al alumno diferenciar los grados de tensión e incluso la ausencia de esta.

Consideraciones para la enseñanza

Resulta complicado plantear un trabajo específico para cada uno de los contenidos que hemos visto de forma resumida en las páginas anteriores, ya que existe una relación muy estrecha entre ellos. Aún así podemos hallar una correspondencia entre los tres grandes rasgos que darían como resultado diferentes tipos de tareas:

- **TEMPORALIDAD + ESPACIALIDAD**: trabajo de organización espacio-temporal.
- **TEMPORALIDAD + CORPORALIDAD**: trabajo de ritmo.
- **CORPORALIDAD + ESPACIALIDAD**: trabajo de lateralidad.

Atendiendo a la edad de los alumnos, el docente también debe tener en cuenta en su planificación las siguientes características:

- Las tareas de aprendizaje estarán basadas en la globalidad y en el juego, de modo que sea el alumno el protagonista de su aprendizaje y no el de uno forzado.

- Entre los 8 - 12 años el alumno ya posee una imagen definitiva de su esquema corporal, es decir, ya conoce las partes de su cuerpo y las considera como un agente más de los que puede incidir en el entorno.

- A partir de los 8 años el alumno ya tiene conciencia de los conceptos izquierda y derecha, por lo que el trabajo puede enfocarse más hacia la posición de él mismo respecto a objetos u otras personas en vez de hacia sus segmentos corporales.

- Los 8 - 12 años es un momento idóneo para comenzar el trabajo de ritmo de forma progresiva (palmadas, movimiento del cuerpo, coreografías...).

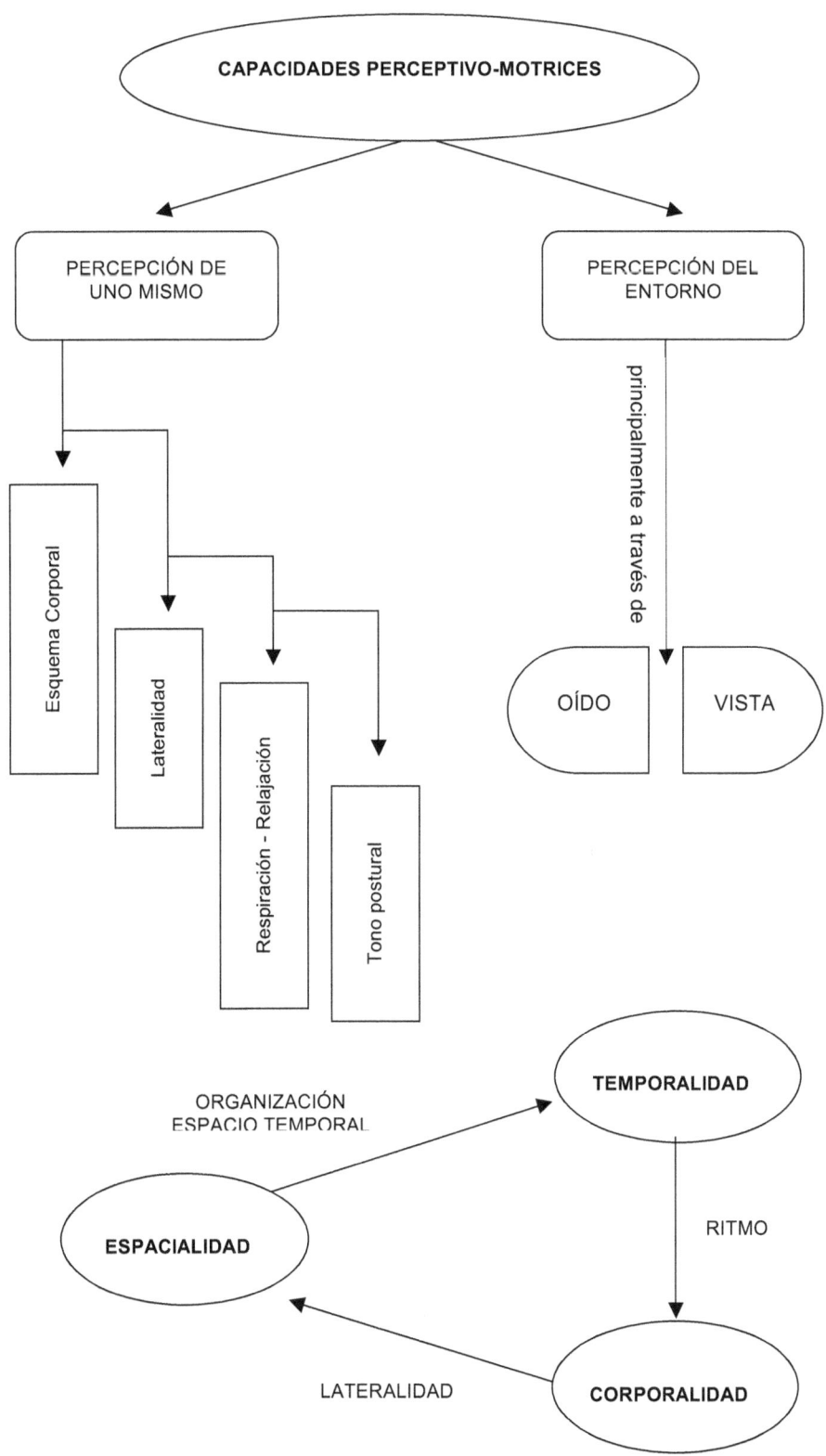

ACTIVIDAD Nº 1

En gran grupo, desplazarse por el espacio de trabajo colocándonos donde indique el profesor.

¡Delante de la portería!

ACTIVIDAD Nº 2

Por parejas, desplazarse por el terreno de juego manteniendo siempre la misma distancia. El compañero de delante intenta equivocar al de atrás.

ACTIVIDAD Nº 3 — Igual que el ejercicio anterior, pero ahora el compañero de atrás va dando saltos con los pies juntos.

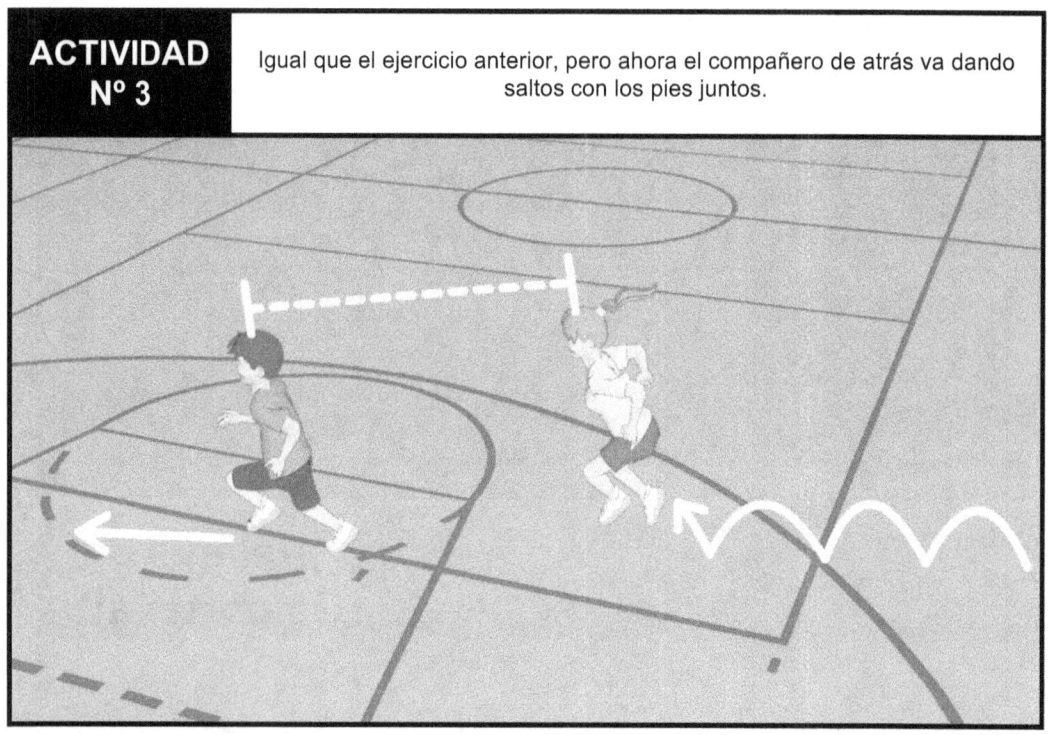

ACTIVIDAD Nº 4 — Igual que los ejercicios anteriores, pero ahora se hacen en tríos.

| ACTIVIDAD Nº 5 | En grupos de tres, los dos primero hacen de caballo atrapando cada uno una cuerda, y el tercero los dirige tirando de una o de otra cuerda según quiera girar a derecha o izquierda. |

| ACTIVIDAD Nº 6 | Por parejas, desplazándose corriendo por el espacio de trabajo, el primer alumno le indica al segundo dónde tiene que ir colocándose. |

| **ACTIVIDAD Nº 7** | En grupo, realizar una carrera de relevo indicando a que lado del obstáculo tenemos que hacer el camino de ida y de vuelta. |

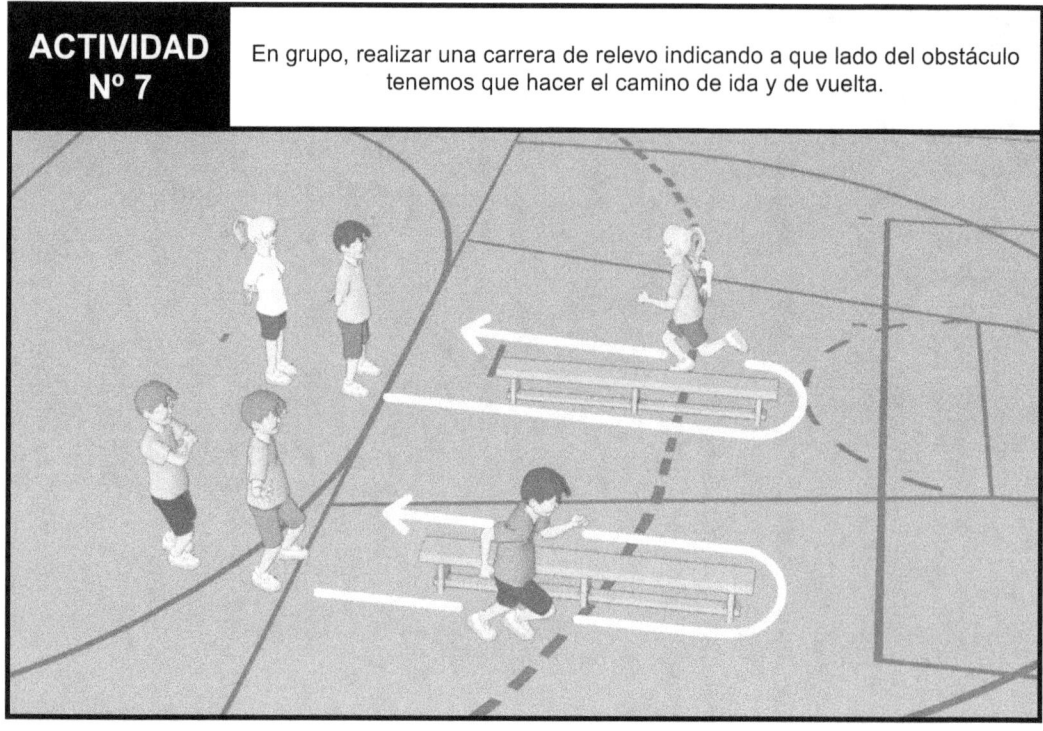

| **ACTIVIDAD Nº 8** | Individualmente, cada alumno con una pelota, seguir las indicaciones del profesor colocándonos en el espacio de trabajo tomando como punto de referencia nuestra pelota. |

ACTIVIDAD Nº 9

Individualmente, tras lanzar una pelota de forma rodada, desplazarse teniéndola como punto de referencia (a su derecha, delante…).

ACTIVIDAD Nº 10

Individualmente con un balón, lanzarlo hacia arriba e intentar cogerlo a nuestra espalda sin que caiga al suelo.

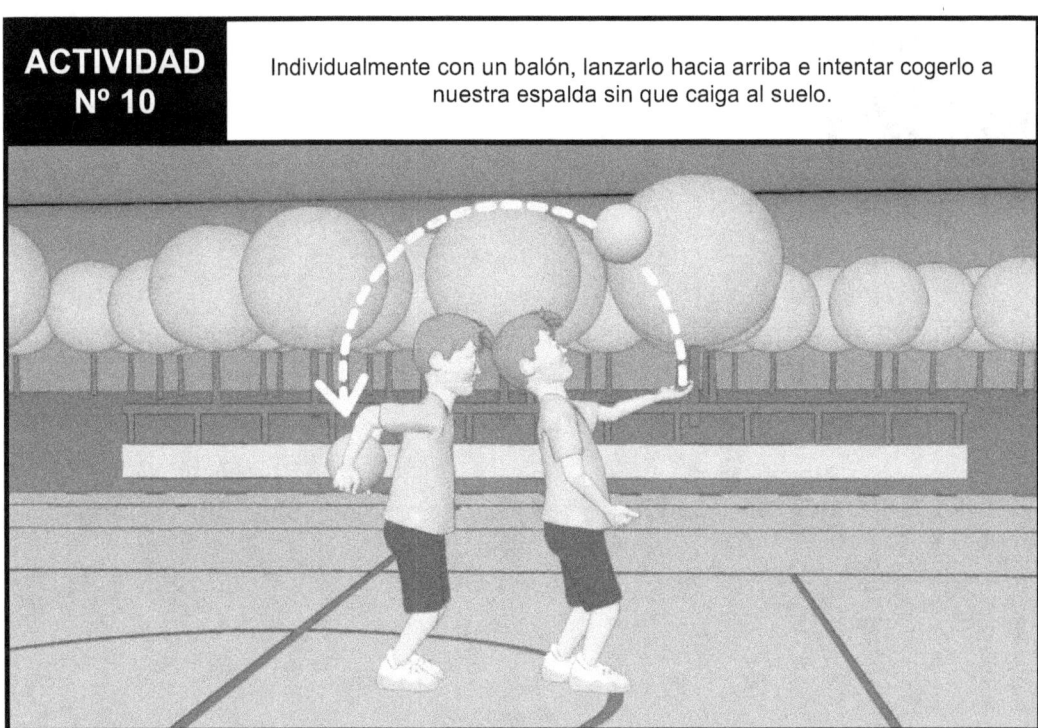

ACTIVIDAD Nº 11

Igual que el ejercicio anterior, pero ahora lanzamos de atrás hacia delante.

ACTIVIDAD Nº 12

Igual que los ejercicios anteriores, pero ahora lanzamos entre nuestras piernas y recogemos el balón por arriba.

| ACTIVIDAD Nº 13 | Por parejas, lanzarle un balón a nuestro compañero para que éste nos lo devuelva chocándolo con otro. |

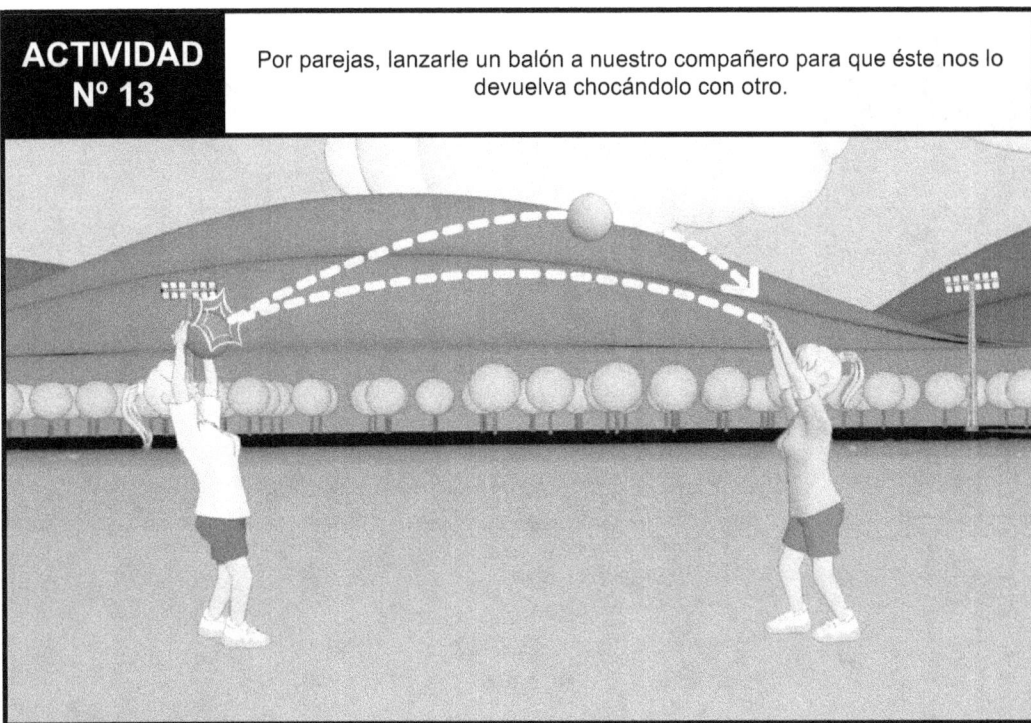

| ACTIVIDAD Nº 14 | Igual que el ejercicio anterior, pero ahora el golpeo lo realizamos a la altura de la cintura. |

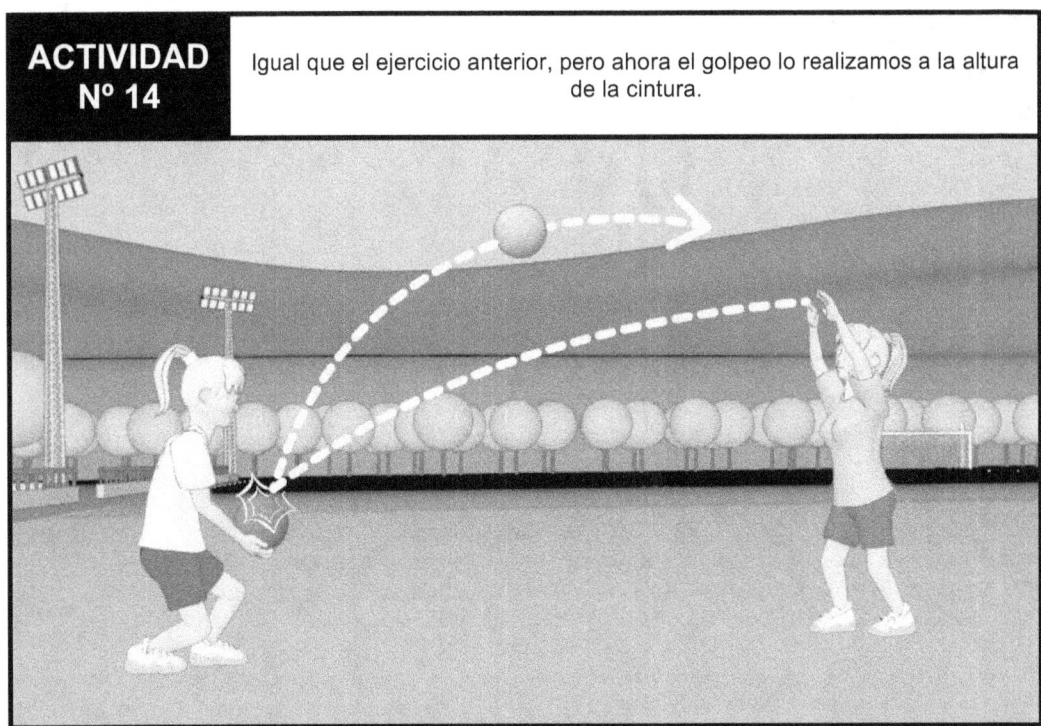

| ACTIVIDAD Nº 15 | Por parejas o tríos, desplazarse por el espacio de trabajo, realizando el mayor número de pases posibles con las manos. |

| ACTIVIDAD Nº 16 | Igual que el ejercicio anterior, pero ahora nos pasamos el balón con los pies. |

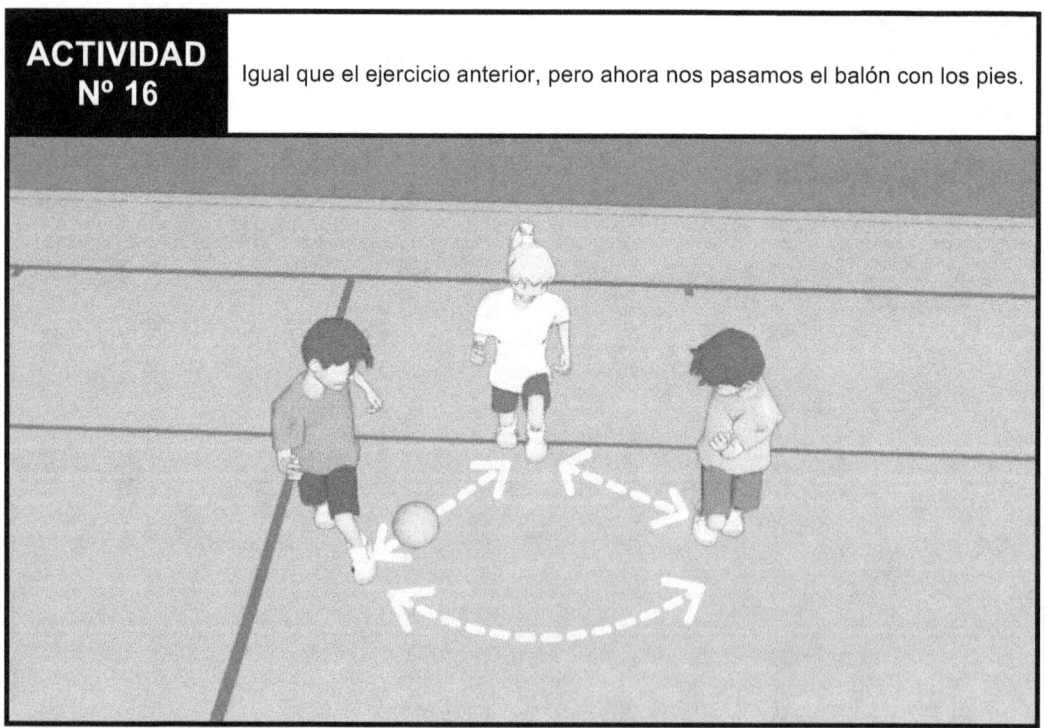

ACTIVIDAD Nº 17

En gran grupo, y con varios balones, lanzarlo a cualquier alumno lo más rápido posible, como si quemase.

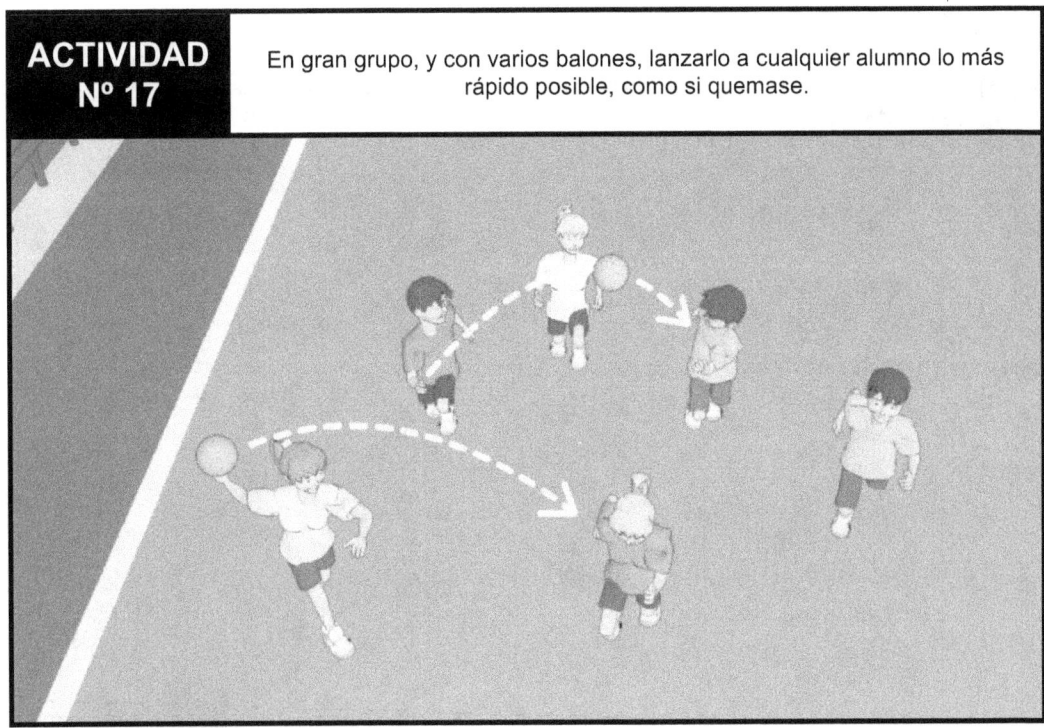

ACTIVIDAD Nº 18

Igual que el ejercicio anterior, pero ahora los pases se realizan con los pies.

ACTIVIDAD Nº 19

En grupos de tres, el jugador del medio intenta interceptar el pase de sus compañeros sin salirse de la zona marcada.

ACTIVIDAD Nº 20

Igual que el ejercicio anterior, pero ahora los pases se realizan con los pies.

ACTIVIDAD Nº 21

Igual que el ejercicio anterior, pero ahora los pases se realizan con las manos y con botes intermedios.

ACTIVIDAD Nº 22

Desplazarse por el espacio de trabajo por parejas, en diferentes direcciones y dándose pases con un balón

ACTIVIDAD Nº 23

Desplazarse libremente por el espacio de trabajo, dándolos pases al compañero de forma diferente (un bote, hacia arriba…).

ACTIVIDAD Nº 24

Igual que el ejercicio anterior, pero ahora los pases se realizan con los pies (rodados, botando…).

ACTIVIDAD Nº 25

Por parejas, el primero realiza pases siempre desde el mismo sitio a un compañero que tiene que variar su posición según le venga la pelota.

ACTIVIDAD Nº 26

Por parejas, el primero golpea la pelota con los pies contra una pared, y su compañero intenta atraparla lo antes posible.

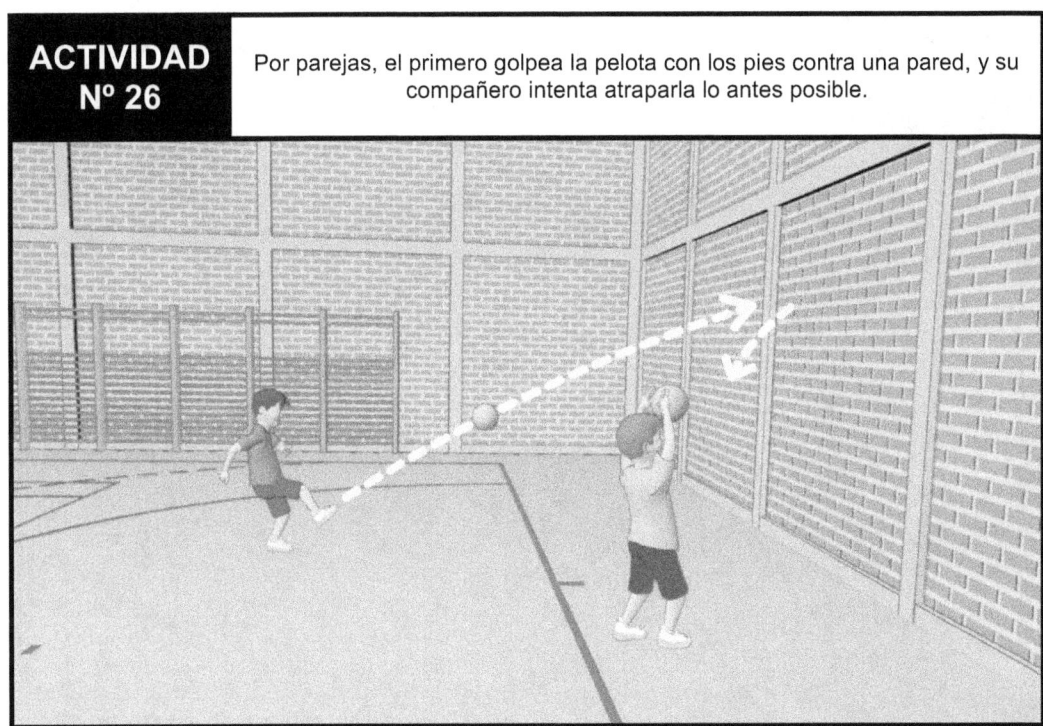

| ACTIVIDAD N° 27 | Tras colocar varios objetos por todo el espacio de trabajo, seguir las indicaciones del profesor colocándonos en ellos utilizándolos como puntos de referencia (el que esta más lejos, más cerca, menos lejos de…). |

| ACTIVIDAD N° 28 | Individualmente, utilizar nuestros pasos para medir distancias entre objetos, comprobando cuáles están más alejados o más cerca de un punto que tenemos de referencia. |

ACTIVIDAD Nº 29

Utilizando una caja repleta de material y tres puntos de referencia, colocar todos los objetos en éstos según haya indicado el profesor (tres pelotas rojas y una gris cerca del cono amarillo, una pelota roja cerca del gris...).

ACTIVIDAD Nº 30

Igual que el ejercicio anterior, pero ahora tenemos que recoger todo el material siguiendo las indicaciones del profesor (primero las pelotas grises del cono amarillo, después...).

ACTIVIDAD Nº 31: Tras colocar varios conos en el suelo a diferentes distancias, un alumno le indica a oto cual tiene que tocar (el azul más alejado…).

ACTIVIDAD Nº 32: En grupos, utilizando varios objetos como punto de referencia, el primero realizan un recorrido y sus compañeros tienen que copiarlo.

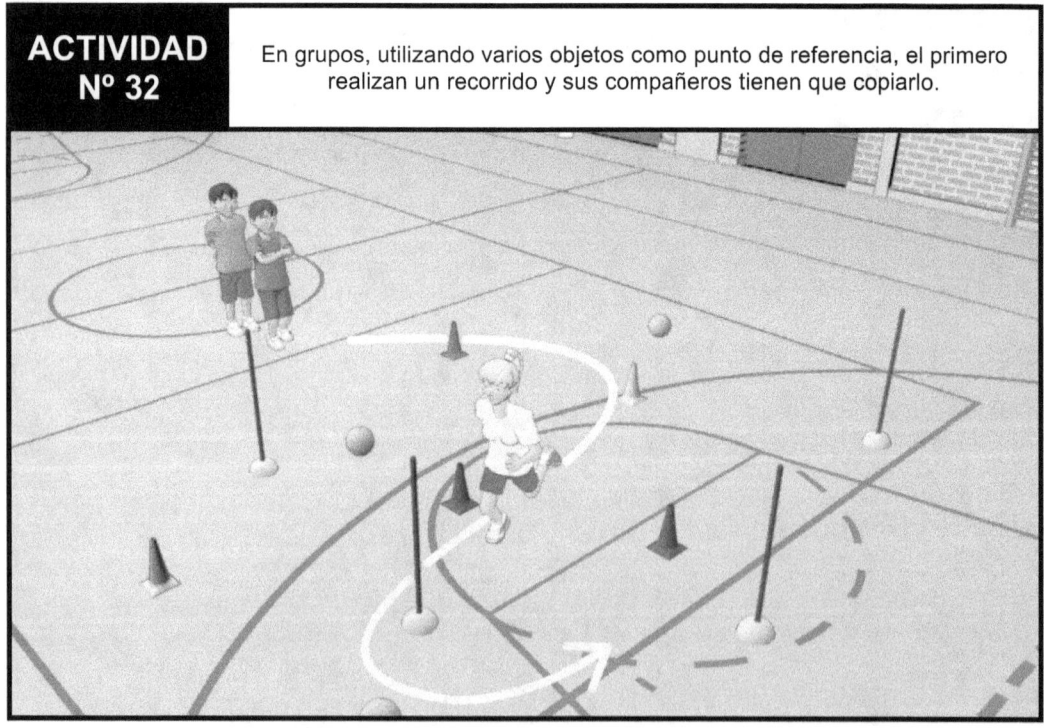

ACTIVIDAD Nº 33

Por parejas, uno de ellos con los ojos vendados y guiado por su compañero, recorren un espacio que tiene forma geométrica. El alumno que lleva los ojos tapados intenta adivinar qué figura es.

ACTIVIDAD Nº 34

Por parejas, colocarnos respecto a nuestro compañero según indique el profesor.

ACTIVIDAD Nº 35

Por parejas, el primero con los ojos vendados, recorre un circuito sin chocarse con los obstáculos guiado por su compañero.

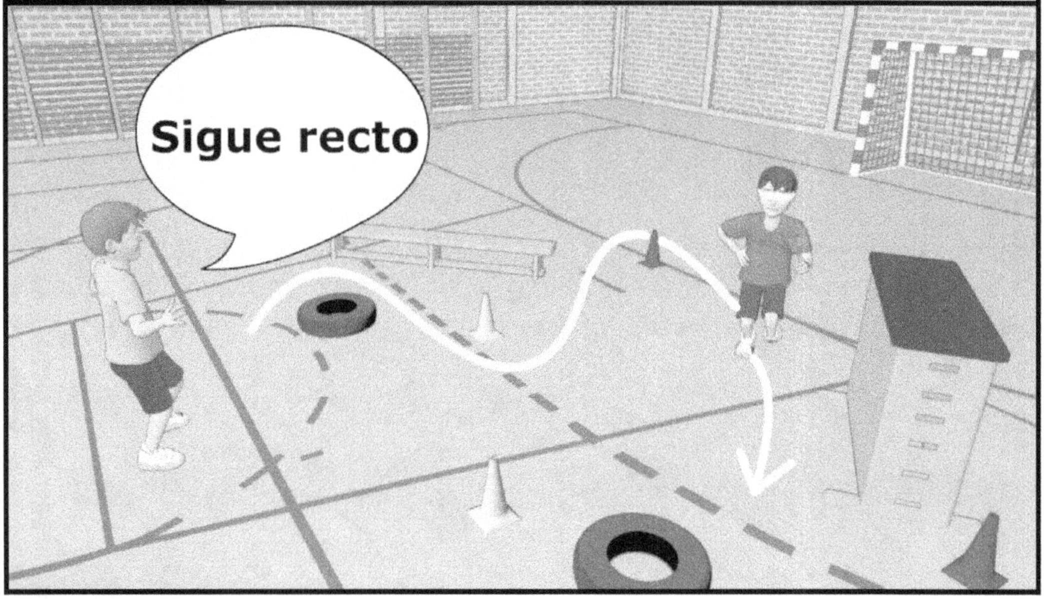

ACTIVIDAD Nº 36

En gran grupo, todos con los ojos vendados andar por el espacio de trabajo pisando fuerte para que nos escuche el resto de compañeros y así no chocar.

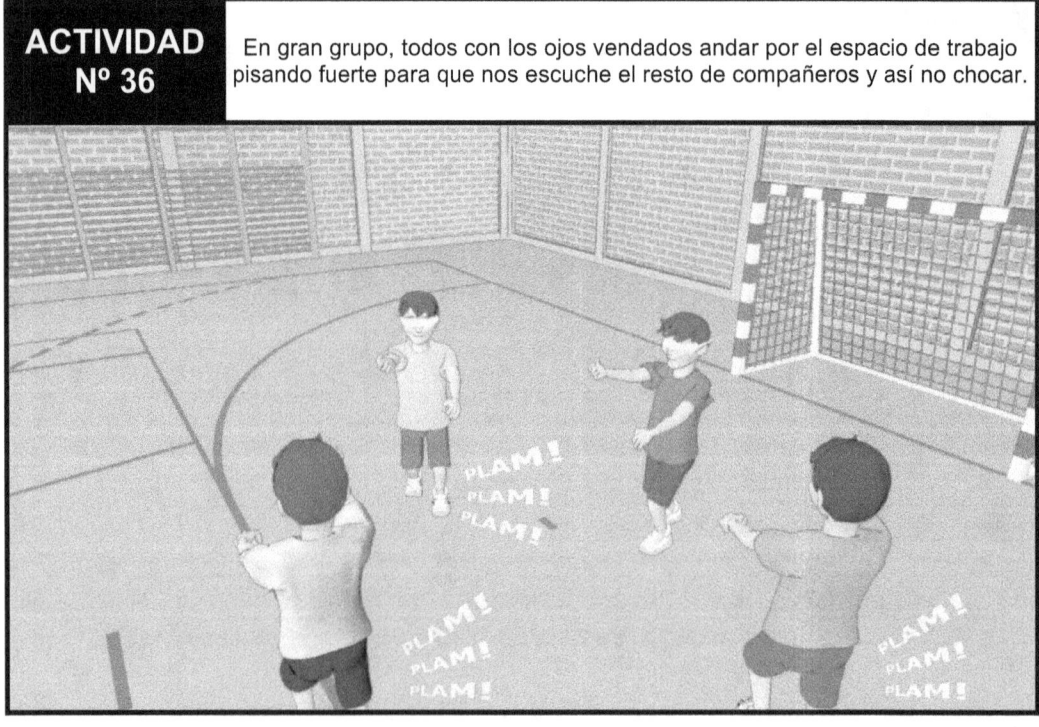

ACTIVIDAD Nº 37 — Igual que el ejercicio anterior, pero ahora nos desplazamos de puntillas sin hacer ruidos.

ACTIVIDAD Nº 38 — Por parejas, uno de ellos de espalda a su compañero, intenta adivinar hacia dónde se esta moviendo reconociendo la dirección del ruido.

ACTIVIDAD Nº 39 — Igual que el ejercicio anterior, pero ahora el compañero que esta de espalda dibuja en un papel el movimiento que cree estar haciendo su compañero.

ACTIVIDAD Nº 40 — Por parejas, el primer jugador realiza una acción y su compañero lo imita. Después cambio de roles.

ACTIVIDAD Nº 41 — Divididos en dos grupos, jugar al balón tiro (este juego también es conocido como el "matar" o el "rey de la pista").

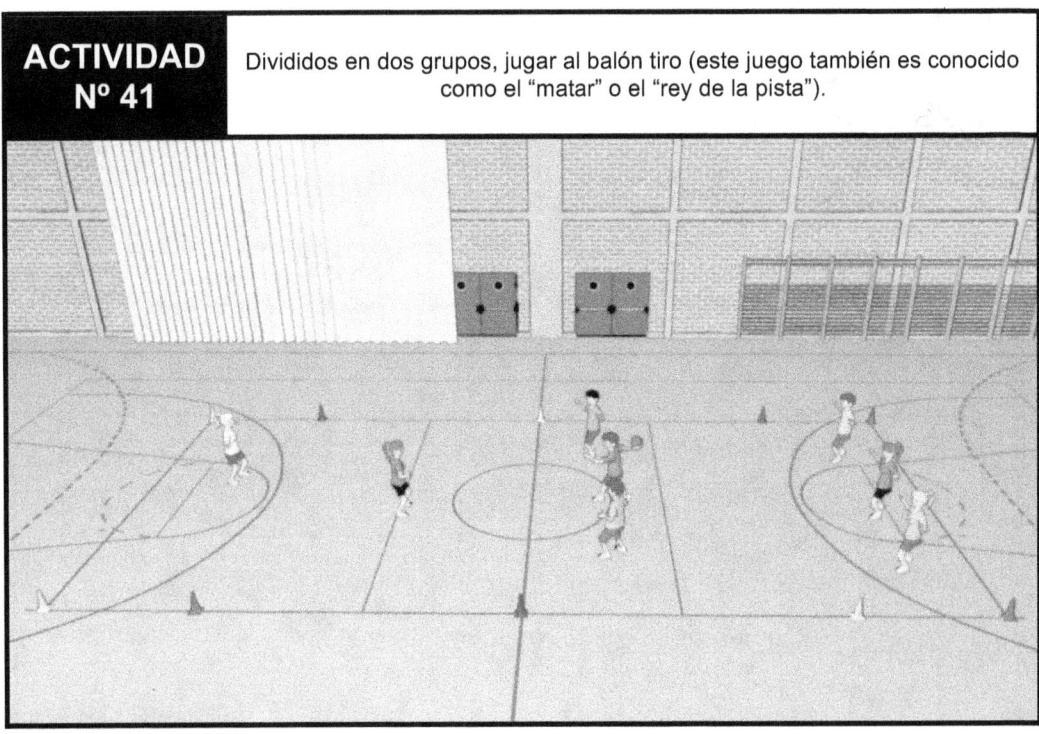

ACTIVIDAD Nº 42 — Individualmente con un aro, lanzarlo a diferentes distancia y atraparlo antes que caiga al suelo sin movernos de nuestro sitio.

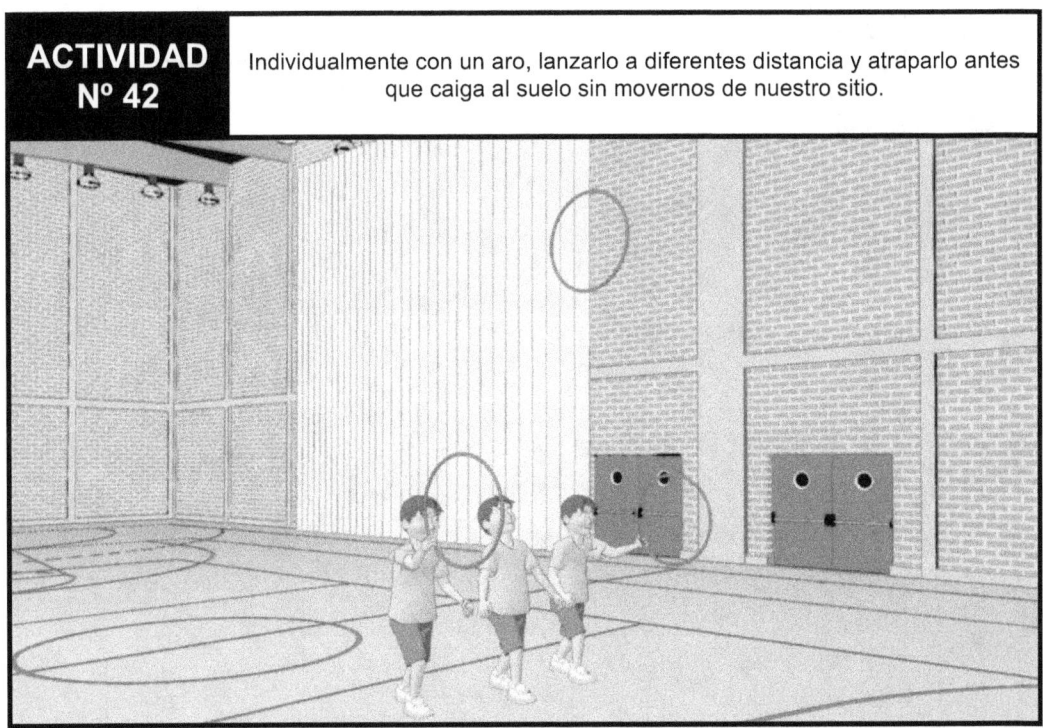

ACTIVIDAD Nº 43 — Individualmente con un aro, hacerlo rodar con la mano mientras nos desplazamos por todo el espacio de trabajo.

ACTIVIDAD Nº 44 — Individualmente con un aro, lanzarlo hacia delante, correr, y cogerlo antes que caiga al suelo.

ACTIVIDAD Nº 45

Igual que el ejercicio anterior, pero antes de atraparlo hay que salta sobre él en cualquier dirección.

ACTIVIDAD Nº 46

Por parejas, jugar a "tú la llevas", golpeando a nuestro compañero con una pelota en la parte del cuerpo que ha indicado el profesor.

ACTIVIDAD Nº 47

Por parejas, un alumno lanza la pelota contra una pared y el otro la atrapa cuando lo indique su compañero (sin dejarla botar, cuando ha dado dos botes…).

ACTIVIDAD Nº 48

Igual que en el ejercicio anterior, pero ahora modificamos la distancia y el modo de realizar los lanzamientos.

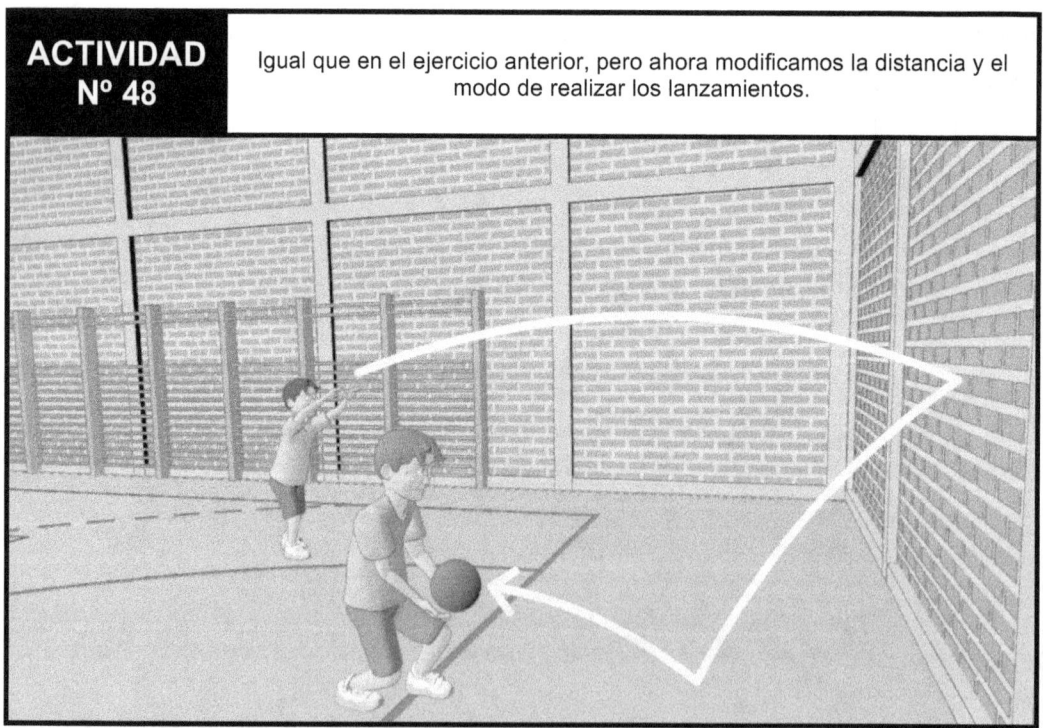

| ACTIVIDAD Nº 49 | Por parejas, lanzarle la pelota a un compañero y éste la esquiva. |

| ACTIVIDAD Nº 50 | Por parejas con una pelota, pasarse a un compañero a diferentes distancias sin que caiga al suelo. Cada vez que lo consigamos nos alejamos un poco más. |

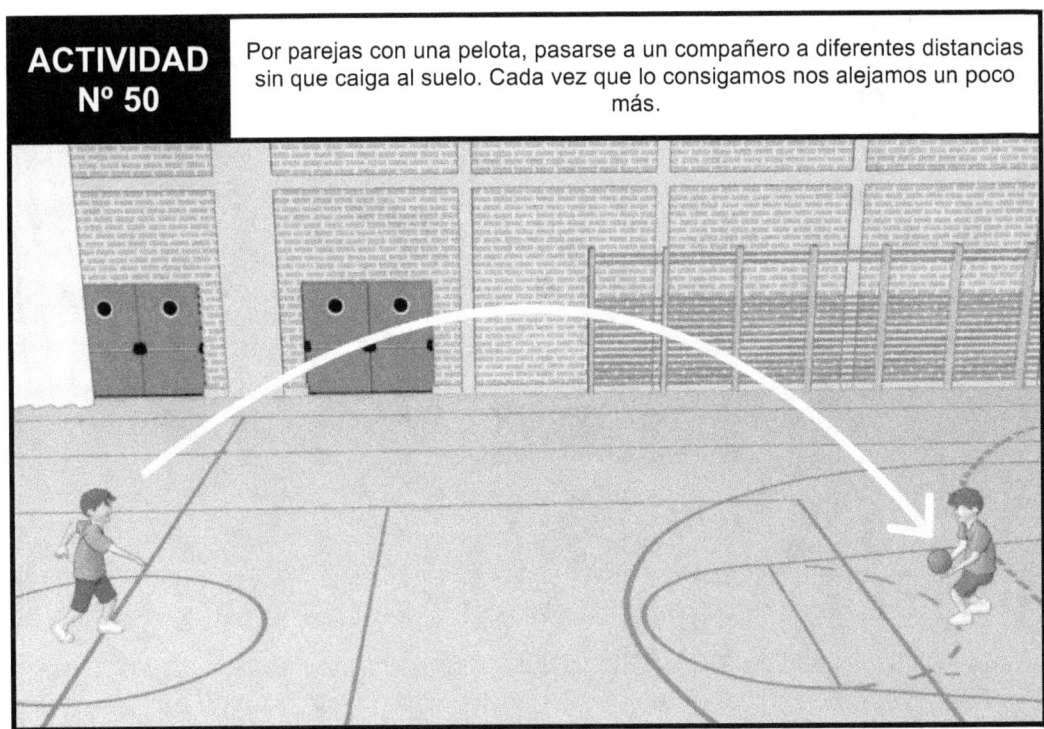

ACTIVIDAD Nº 51	Chocar con las palmas de las manos en el suelo inventando secuencias de percusión.

ACTIVIDAD Nº 52	Interpretar entre todos una canción conocida tras haberla escuchado un par de veces.

ACTIVIDAD Nº 53

Escuchando una canción, intentar marca el ritmo con palmas.

ACTIVIDAD Nº 54

Escuchando una canción y ayudado por el ritmo que marca un compañero con la percusión, desplazarse por el espacio de trabajo corriendo en ese mismo ritmo.

ACTIVIDAD Nº 55 — Igual que el ejercicio anterior, pero ahora el profesor interrumpe la música y la continúa cuando le parezca.

ACTIVIDAD Nº 56 — Desplazarse a diferentes velocidades por el espacio de trabajo dando gritos largos, cortos, intermitente…

ACTIVIDAD Nº 57

Caminar o correr por un recorrido midiéndolo con nuestros pasos o con tiempo mentalmente. Después volver a realizarlo con los ojos vendados.

ACTIVIDAD Nº 58

En un primer momento el profesor hace que los alumnos corran durante un determinado tiempo indicándoles el principio y el final. A continuación los alumnos tienen que correr durante el mismo tiempo tras oír la señal de inicio y paran cuando crean se ha cumplido el tiempo. El que más se acerque al tiempo gana.

ACTIVIDAD Nº 59

Moverse al ritmo de una música que se vuelve más rápida y más lenta.

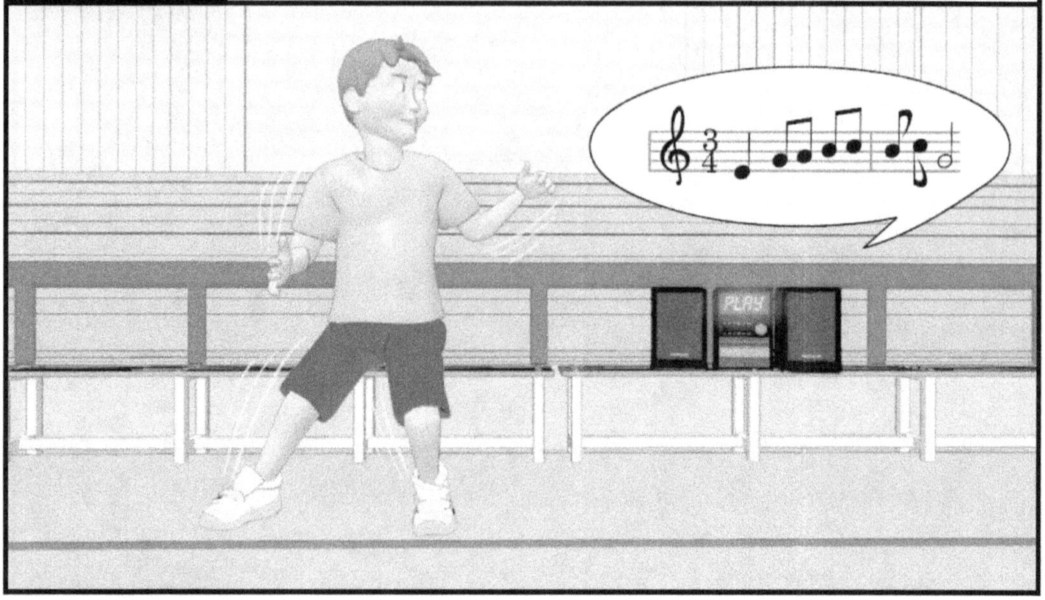

ACTIVIDAD Nº 60

Tras indicar el profesor una acción (animal, deporte...) realizarlo a diferentes velocidades.

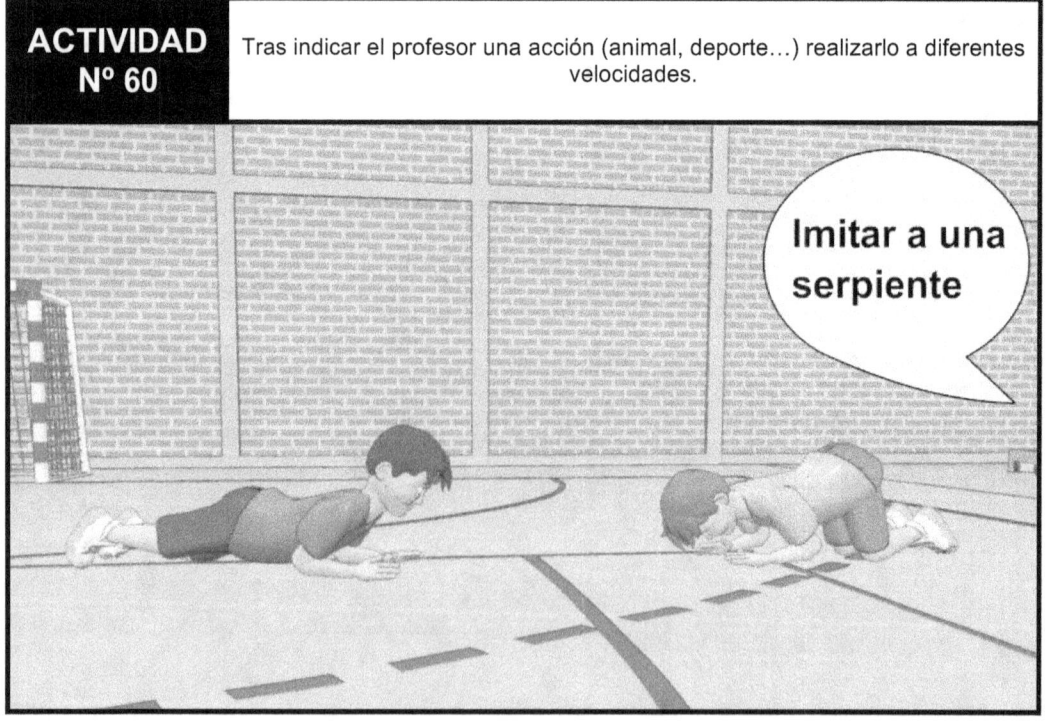

ACTIVIDAD Nº 61
Por parejas, el primero de espalda a su compañero, adivinar la velocidad a la que se desplaza éste sin mirar.

ACTIVIDAD Nº 62
Correr por el espacio de trabajo siguiendo el ritmo de la música.

ACTIVIDAD Nº 63 — Igual que el ejercicio anterior, pero esta vez lo hacemos andando o trotando.

ACTIVIDAD Nº 64 — Igual que los ejercicios anteriores, pero ahora lo hacemos abriendo piernas y brazos a un lado.

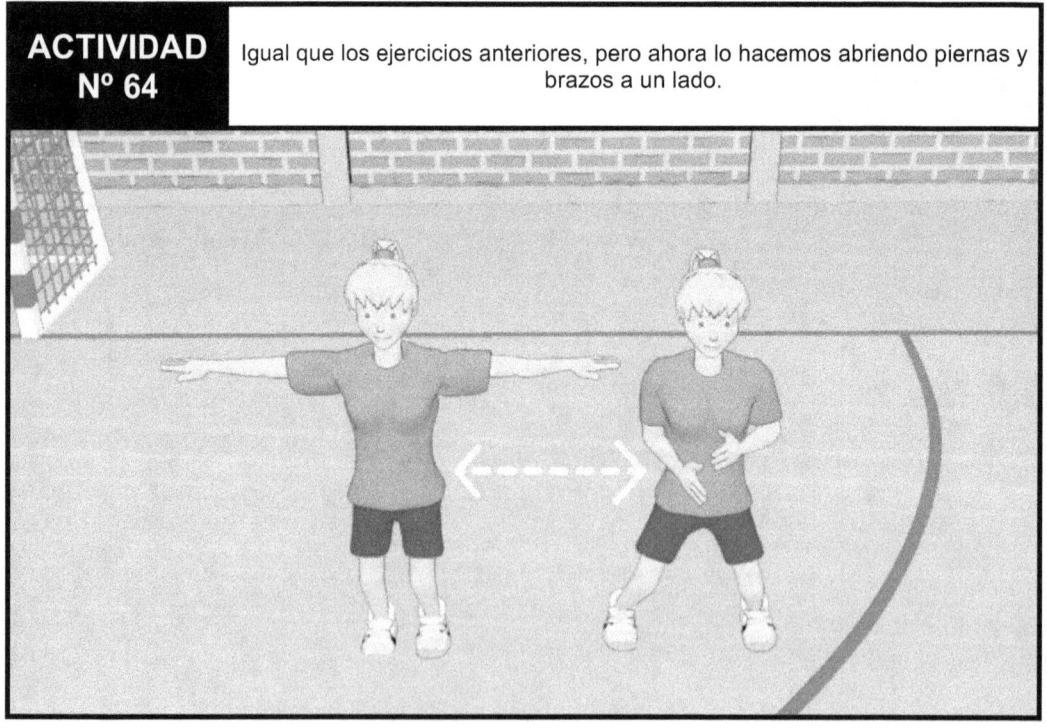

ACTIVIDAD Nº 65 — Igual que los ejercicios anteriores, pero ahora dando saltos.

ACTIVIDAD Nº 66 — En grupos, unos alumnos tras otro sentarse en el suelo a modo de tren y desplazarse según indique el profesor (rojo → lento, azul → rápido…).

ACTIVIDAD Nº 67 — Situados en grupos, cada uno con un globo, el primero lo mantiene en el aire golpeándolo 10 veces y lo deja en el suelo para que así comience el grupo contrario.

ACTIVIDAD Nº 68 — En grupo, cada alumno con un número mantener un globo en el aire golpeándolo siguiendo el orden.

ACTIVIDAD Nº 69

Tras haber elegido una música que tenga un compás de dos por cuatro, desplazarse dando saltos llevando el ritmo.

ACTIVIDAD Nº 70

En una música que tenga un compás de dos por cuatro, dar una palmada o realizar un movimiento en cada acento.

ACTIVIDAD Nº 71

Por parejas, tras haber acordado un mismo circuito, un jugador lo recorre a cámara rápida y otro a cámara lenta.

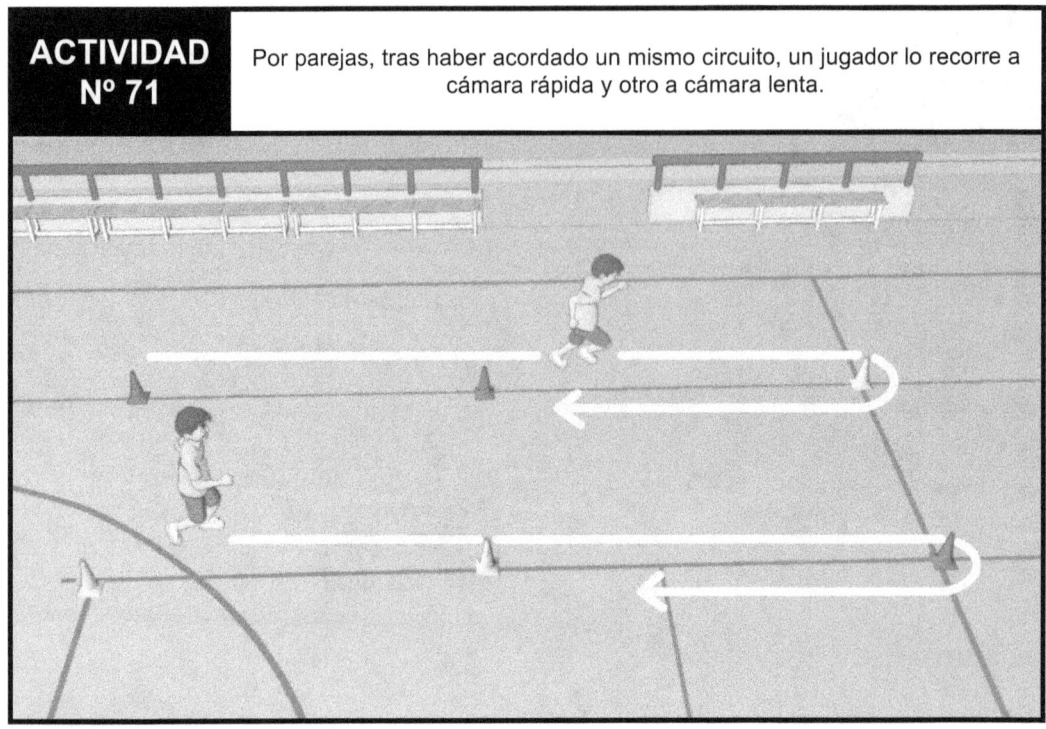

ACTIVIDAD Nº 72

Por parejas, un alumno intenta recorrer un circuito lo antes posible mientras su compañero le interrumpe.

ACTIVIDAD Nº 73

Utilizando nuestros pasos para medir o contando mentalmente, comprobar cuánto tardamos en recorrer un espacio si vamos corriendo.

ACTIVIDAD Nº 74

Igual que el ejercicio anterior, pero ahora comprobamos cuánto tardamos si llevamos a nuestro compañero a caballito.

| ACTIVIDAD Nº 75 | Igual que los ejercicios anteriores, pero ahora comprobamos cuánto tardamos arrastrando a un compañero. |

| ACTIVIDAD Nº 76 | Igual que los ejercicios anteriores, pero ahora comprobamos cuánto tardamos empujando un compañero. |

ACTIVIDAD Nº 77

Por parejas, el primero se desplaza a una velocidad acordada (por ejemplo: trotando) y el otro a máxima velocidad. Tomar conciencia del tiempo empleado por cada uno.

ACTIVIDAD Nº 78

Tras haber acordado una secuencia de movimientos, el primero los realiza en un tiempo y el compañero el doble de rápido de modo que, cuando el primero haya terminado, su compañero lo haya hecho dos veces.

ACTIVIDAD Nº 79

Por parejas, correr a la misma velocidad pero en sentidos compuestos.

ACTIVIDAD Nº 80

Tras haber visto la velocidad a la que corre un compañero, transformar esa cadencia a un movimiento de brazos (palmada, subir-bajar...).

ACTIVIDAD Nº 81

Por parejas, cada uno con un balón, desplazarse a la misma velocidad botando también a la vez.

ACTIVIDAD Nº 82

Tras ver cómo bota un balón un compañero, transformar esa cadencia a un movimiento de saltos.

| ACTIVIDAD Nº 83 | Por parejas, el primero realiza una secuencia de movimientos mientras su compañero marca el ritmo con las palmas. |

| ACTIVIDAD Nº 84 | Individualmente, realizar carreras a diferentes velocidades para después imitar el ritmo de los latidos de nuestro corazón dando palmadas. |

ACTIVIDAD Nº 85

Estableciendo un tiempo limite desplazarse saltando a la cuerda. ¿Quién llega más lejos?

ACTIVIDAD Nº 86

Saltar la cuerda de forma continuada intentando que cada giro tenga un duración determinada.

ACTIVIDAD Nº 87 — Tras escuchar los latidos de nuestro corazón, desplazarse por el espacio de trabajo imitando su ritmo.

ACTIVIDAD Nº 88 — Por parejas, el primero marca verbalmente el ritmo de los latidos de su corazón, y su compañera después los imita dando golpes en el suelo.

ACTIVIDAD Nº 89

Escuchando una música que tenga un compás cuatro por cuatro, cambiarse con un compañero o a un aro libre al comienzo de cada compás.

ACTIVIDAD Nº 90

Delante de una fila de aros y escuchando una música con compás de cuatro por cuatro, dar cuatro botes (cuatro tiempos) en cada aro y pasar al siguiente aro en el inicio del siguiente compás.

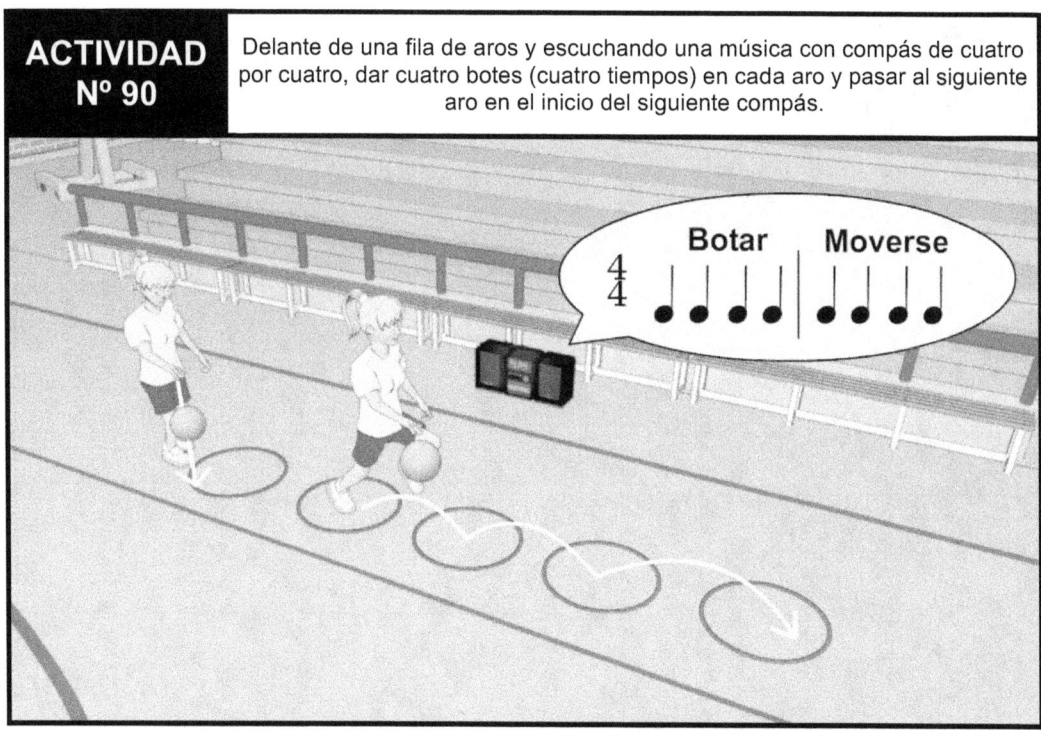

| ACTIVIDAD Nº 91 | Desplazarse por encima de una fila de aros pisando con un pie en cada uno de ellos. |

| ACTIVIDAD Nº 92 | Desplazarse por encima de una fila de aros pisando en cada uno de ellos tantas veces como se correspondan con su número de orden (primero → un salto, segundo → dos saltos…) |

ACTIVIDAD Nº 93

Por parejas, el primero se desplaza siempre a la misma velocidad por encima de una fila de aros y su compañero imita el ritmo dando pisotones.

ACTIVIDAD Nº 94

En gran grupo, desplazarse por espacio de trabajo sorteando todos los obstáculos mientras un compañero marca el ritmo con una pandereta. Si éste para de tocar nos sentamos en un obstáculo.

ACTIVIDAD Nº 95: En gran grupo, un compañero toca una secuencia en una pandereta y, a continuación, el resto de compañeros intenta recordarla sentándose en un banco cuando crean que hubiese terminado.

ACTIVIDAD Nº 96: Desplazarse o saltar por el espacio de trabajo mientras las luces estén encendidas, parando en la posición que nos encontremos cuando se apaguen.

ACTIVIDAD Nº 97

Individualmente, sobre el sitio, observamos el tiempo que tarda una luz en apagarse desde la señal del profesor, y decimos qué número de saltos podríamos dar en ese tiempo. A continuación comenzamos a saltar y comprobamos si era correcto.

ACTIVIDAD Nº 98

Tras escuchar un fragmento de una canción o una secuencia de percusiones, desplazarse sorteando los obstáculos y sentándonos cuando creamos que hubiese terminado esa música.

ACTIVIDAD Nº 99 — Por parejas, el primero completa un recorrido gateando, y su compañero intenta invertir el mismo tiempo en realizar el mismo recorrido pero de una forma diferente (corriendo, cangrejo…).

ACTIVIDAD Nº 100 — Por parejas, el primero completa un circuito en un tiempo, y su compañero, a continuación, tiene que realizar un recorrido diferente pero en el mismo tiempo.